H.-A. WAUTHOZ

Les Ambulances
et les Ambulanciers

= A TRAVERS LES SIÈCLES =

PARIS
J. LEBÈGUE & CIE
30, RUE DE LILLE

BRUXELLES
J. LEBÈGUE & CIE
RUE DE LA MADELEINE, 46

LES AMBULANCES

ET

LES AMBULANCIERS

A TRAVERS LES SIÈCLES

Bruxelles. — Impr. J. Janssens, 25, rue des Armuriers.

LES AMBULANCES

ET

LES AMBULANCIERS

A TRAVERS LES SIÈCLES

Histoire des blessés militaires chez tous les peuples
depuis le siège de Troie jusqu'à la convention de Genève

PAR

H.-A. WAUTHOZ

Secrétaire a la Croix-Rouge de Belgique

PRÉFACE PAR LE COMTE D'HAUSSONVILLE
DE L'ACADÉMIE FRANÇAISE
ET DE L'ACADÉMIE DES SCIENCES MORALES ET POLITIQUES

PARIS	BRUXELLES
J. LEBÈGUE & Cie	J. LEBÈGUE & Cie
30, RUE DE LILLE	RUE DE LA MADELEINE.

PRÉFACE

C'est la marque infaillible qu'un sujet est, comme on dit familièrement, « dans l'air » lorsqu'il est traité en même temps par plusieurs personnes, ou dans plusieurs pays à la fois. Il en est ainsi de la question de l'assistance aux blessés militaires.

A Paris, au commencement de l'hiver, une jeune femme qui porte avec une grande distinction personnelle un nom honoré, Mme Inès Fortoul, a fait, sur ce sujet, une conférence où l'érudition le dispute à la bonne grâce et qui a vivement intéressé les auditrices du Foyer, ce centre nouveau d'activité féminine. Et voici que M. Henri Wauthoz, secrétaire à la Croix-Rouge de Belgique, nous donne un ouvrage entier qui a pour titre : *les Ambulances et les Ambulanciers à travers les siècles, Histoire des blessés militaires, chez tous les peuples, depuis le siège de Troie jusqu'à la Convention de Genève.* L'ouvrage de M. Wauthoz est solide et consciencieux, comme tout ce que font les Belges. Il a pris une peine méritoire, et qui n'a pas été inutile, pour reconstituer en effet, à travers les âges, l'histoire des secours donnés, en temps de guerre, aux blessés ou aux malades. Il remonte même jusqu'aux temps bibliques et mythologiques, car il n'écarte pas la légende d'après laquelle l'un des fils de Noé, Sem, aurait été l'auteur du premier traité de médecine et l'ancêtre d'Esculape à la huitième génération. Déjà dans l'*Iliade* et dans l'*Odyssée*, il trouve des documents sur ce qu'il appelle « le service médico-chirurgical de l'armée grecque pendant le siège de Troie », et ces documents lui semblent si précis que, sans se prononcer formellement sur l'existence d'Homère, il incline cependant à adopter l'opinion d'un auteur allemand d'après laquelle Homère aurait été médecin d'armée. Machaon, avec son frère Podalire, dirigeait ce service et les vaisseaux servaient d'ambulances.

Au grand regret de M. Wauthoz, les races sémitiques, Assyriens, Chaldéens, Hébreux, ne lui fournissent rien ; mais il constate avec joie qu'il n'en était pas de même chez les Égyptiens où, suivant Diodore de Sicile, les armées en campagne étaient accompagnées de médecins payés aux frais de l'État. Un roi d'Égypte, Ptolémé Philométor, ayant été blessé au crâne, fut même trépané sur le champ de bataille. Il est vrai qu'il en mourut : fut-ce de la blessure ou de l'opération, M. Wauthoz ne saurait le dire. La célèbre retraite des Dix Mille est pour lui l'occasion d'ingénieux aperçus sur l'organisation du service chirurgical au temps des Grecs et il voit dans leur célèbre chef et historien Xénophon le premier général qui se soit occupé du transport des blessés. Mais il faut attendre la période romaine pour constater l'existence d'une organisation véritable. Ces Romains, qui étaient des ingénieurs des ponts et chaussées incomparables, étaient aussi des intendants militaires de premier ordre. Les découvertes de l'épigraphie nous ont appris que, sous les empereurs, il y avait une véritable hiérarchie du corps médical dans les armées. Chaque cohorte avait son *medicus ordinarius*. Au-dessus il y avait le *medicus clinicus*, et au-dessus encore le *medicus legionum*, comme qui dirait le médecin en chef, car chaque légion comptait dix cohortes. Des auxiliaires, auxquels il était défendu de prendre part à l'action, transportaient les blessés en arrière de la ligne de bataille. Quand l'armée marchait en avant, on les laissait chez l'habitant, à moins qu'on ne les rassemblât dans des hospices où ils devaient se comporter convenablement sous peine de fouet. Tite-Live et Tacite parlent des remèdes et des appareils pour les blessés que les armées portaient dans leurs bagages. Ainsi, ambulances volantes, hôpitaux de campagne, hôpitaux du territoire, tout ce que nous croyons avoir inventé, les Romains le connaissaient déjà.

* *
*

Cette organisation si complète disparut sous l'invasion des barbares. Elle fut longue à se reconstituer, puisqu'il faut attendre jusqu'au xviie siècle. M. Wauthoz nous apprend cependant que le premier hôpital militaire est dû à Isabelle la Catholique; mais durant les longues guerres du moyen âge et même durant les guerres de religion, la manière la plus usitée de soigner les blessés était de les achever. Ambroise Paré, que M. Wauthoz appelle « le prototype du chirurgien d'armée », se rendit cependant populaire en essayant d'en soigner et d'en sauver quelques-uns. Ce fut lui qui, se servant des tenailles d'un maréchal ferrant et appuyant son pied sur la face du patient, parvint à extirper un fer de lance de la figure du grand duc de Guise, qui en conserva cependant (et on le comprend après pareille opération) le surnom de *Balafré*. Mais d'organisation régulière du service de santé on ne trouve point trace avant Sully. C'est au grand ministre de Henri IV que revient l'honneur d'avoir posé les premiers principes de cette organisation, principes dont on ne s'est guère écarté depuis lors. Il divisa en effet les hôpitaux en deux classes, les « hôpitaux ambulatoires » qui suivaient les mouvements des armées et les « hôpitaux sédentaires » sur lesquels on évacuait les blessés. C'est encore ainsi que le service de santé procède aujourd'hui. Cette organisation fut fortifiée par Richelieu qui, créant en 1627 le service de l'inten-dance, chargeait l'intendant « de la direction et de l'inspec-tion du service des hôpitaux ». Enfin elle reçut son complément sous Louis XIV par une de ces belles ordon-nances, au ton majestueux, où il semble que le Grand Roi lui-même ait mis la main : « Les services importants que nos troupes nous rendent nous engageant à veiller à leur conservation et soulagement dans leurs maladies et bles-sures, nous avons cru ne pouvoir le faire d'une manière plus avantageuse pour elles qu'en établissant pour toujours, à la suite de nos armées et dans nos hôpitaux et nos places de guerre, des médecins généraux et particuliers, à titre d'office, qui aient les connaissances nécessaires pour bien panser et médicamenter les officiers et soldats qui sont malades et blessés. » Tel est le préambule d'un édit de 1708 portant création d' « offices de conseillers de Sa Majesté, médecins et chirurgiens à la suite des armées, dans les hôpitaux des villes frontières et anciens régiments ».

Le nombre de ces hôpitaux s'accrut pendant le XVIIIe siècle. En 1788, c'est-à-dire à la veille de la Révolution, la France comptait soixante-dix hôpitaux militaires, soixante hôpitaux de charité subsidiés par le Roi et un service d'ambulance adjoint aux hôpitaux sédentaires, c'est-à-dire exactement l'organisation de nos jours. Il y avait même des hôpitaux thermaux à l'usage des soldats convalescents. Aucun pays n'offrait un ensemble aussi complet. « La France, ajoute M. Wauthoz, marcha toujours en tête pour l'excellence et la perfection du service de santé en général, » — et c'est sur cet hommage rendu par un étranger à la France d'autrefois que je veux clore cette revue du passé, en renvoyant le lecteur à cet excellent livre pour la suite d'une histoire que M. Wauthoz conduit, à travers les guerres de Napoléon, jusqu'à la Convention de Genève. A cette histoire si complète je voudrais cependant lui voir ajouter un chapitre dont il trouvera ici l'indication.

*
* *

Dans tout ce que nous venons de dire il n'est question que de chirurgiens et de médecins ; il n'est point parlé des infirmières. L'infirmière consacrée aux soins des blessés serait donc une invention toute moderne ? Non pas, car Mme Fortoul nous apprend, dans la charmante conférence dont je parlais tout à l'heure, qu'au siège de Troie les femmes étaient employées aux soins des blessés. Homère

« parle en effet de la blonde Agamède, Agamède aux belles tresses, qui connaissait autant de remèdes que la vaste terre en peut produire, qui lavait le sang des blessures et qui apaisait la douleur des guerriers frappés par de douces et suaves paroles ». Mais on doit convenir que depuis Homère il n'a guère été question des infirmières laïques (je ne parle pas des Sœurs des hôpitaux qui ont toujours soigné les blessés comme elles soignaient les autres malades) et il faut attendre, en France du moins, jusqu'au XXᵉ siècle pour se trouver en présence d'une organisation régulière du service de santé où les femmes aient un emploi prévu et fixé à l'avance.

L'idée première et l'honneur de cette organisation reviennent à la Société française de secours aux blessés militaires, à cette vieille Croix-Rouge qui avait su, pendant la guerre de 1870, se rendre si populaire, et qui n'a cessé de se développer depuis. Déjà, en 1871, pendant le siège de Paris, la Société avait confié à des femmes du monde, qui s'en acquittèrent avec beaucoup de dévouement, le soin de ses blessés. Mais ce n'était là que l'effort d'un jour. Le premier *dispensaire-école* des dames infirmières de la Société pour le temps de guerre date de 1900.

École est bien le mot. Le temps n'est plus en effet où, pour soigner des blessés, le cœur et le dévouement suffisaient. Les découvertes de Pasteur, les théories microbiennes, les règles sévères de l'asepsie et de l'antisepsie ont changé tout cela. Pour soigner il faut savoir, et pour savoir il faut apprendre. C'est ce que la Société a compris et c'est pour mettre en temps de guerre, à la disposition des chirurgiens, des infirmières qui soient de véritables auxiliaires que la Société a créé ce dispensaire-école. Deux fois par an, après une session laborieuse de quatre mois, des examens y sont passés par un certain nombre d'élèves qu'ont formées des monitrices dévouées et des chirurgiens éminents devant une Commission que préside, avec sa haute autorité, M. le professeur Guyon. A celles qui ont subi leur examen avec succès est délivré ce qu'on appelle le diplôme simple, c'est-à-dire un brevet qui les déclare aptes à être employées en temps de guerre dans les hôpitaux de la Société. A celles qui veulent poursuivre plus loin leurs études est délivré, après un nouveau stage de deux ans, dont partie doit être faite dans un hôpital, un diplôme dit supérieur dont l'obtention les désigne pour exercer les fonctions de surveillante. C'est ainsi que, depuis 1900, il a été délivré à Paris 807 diplômes simples et 54 diplômes supérieurs, et en province 1,226 diplômes simples et 95 diplômes supérieurs à la suite d'examens passés dans les 29 dispensaires créés également par la Société dans différentes villes ; ce qui, en y ajoutant les 3 dispensaires existant aujourd'hui à Paris, porte à 32 le nombre des dispensaires relevant de la Société, et à 2,182 le nombre des infirmières brevetées par elle.

Ce n'est pas tout. La Société a, si je puis me servir de cette expression, *militarisé* ce personnel de femmes. Non seulement chaque diplômée s'engage par écrit à remplir en temps de guerre les fonctions d'infirmière dans un des hôpitaux de la Société et, par cet engagement, se soumet aux lois et règlements militaires, mais elle reçoit une carte de service par laquelle lui est désigné l'hôpital où elle doit remplir ses fonctions, et la carte porte cette mention brève et péremptoire : « La présence à l'hôpital est obligatoire le sixième jour de la mobilisation. Il ne sera adressé aucun autre ordre de service. »

Ainsi, en six ans, la Société de secours aux blessés a mis à la disposition du service de santé de l'armée plus de deux mille infirmières, sur l'expérience desquelles les chirurgiens pourront absolument compter, et ces infirmières, dont aucune, est-il besoin de le dire, ne sera salariée, qui toutes sont dans une situation de fortune indépendante, ont accepté par avance de quitter du jour au lendemain leur foyer, de se rendre dans un hôpital où elles seront soumises à toutes les exigences de la discipline militaire, où elles connaîtront toutes les fatigues et assisteront aux spectacles les plus pénibles, et cela pendant un temps indéterminé, car leur engagement ne comporte point d'autre limite que la durée de la guerre. Une société qui, en six ans, est arrivée à ce résultat a le droit d'être fière de son œuvre.

*
* *

Est-ce tout? Ces dispensaires de Paris et de la province, où un certain nombre de femmes et de jeunes filles appartenant aux milieux les plus divers, qui ne se connaissaient pas la veille, se rencontrent tous les jours pour suivre en commun des cours, apprendre à panser des plaies, assister à des opérations, n'ont-ils d'autre but et n'auront-ils d'autre résultat que de préparer ces femmes et ces jeunes filles à une besogne qu'elles n'accompliront peut-être jamais, puisque rien n'est, Dieu merci, plus incertain qu'une guerre? Je ne le crois pas. Sans parler des services, qu'instruites comme elles le seront des règles de l'hygiène et de l'antisepsie, elles pourront rendre désormais autour d'elles, soit dans leur famille et leur entourage immédiat, soit à la campagne, soit dans les familles pauvres que beaucoup d'entre elles visitent, je ne puis m'empêcher d'espérer que tant de dévouements discrets, lorsqu'ils seront mieux connus, contribueront à l'apaisement de nos haines sociales. Je sais bien tout ce qu'il y a de naïf et presque de ridicule à exprimer un pareil espoir, à l'heure même où j'écris et lorsque jamais ces haines ne paraissent avoir été aussi vivaces. Mais lorsqu'on voit cependant, à ce dispensaire de Plaisance, des femmes ou des jeunes filles dont quelques-unes portent les plus grands noms de France, uniformément vêtues d'un sarrau de toile grise qui les fait ressembler aux infirmières de nos hôpitaux, les bras nus, à genoux devant un ouvrier, l'une soulevant sa jambe, l'autre tenant un bassin, une autre encore baignant avec un tampon d'ouate sa plaie fétide, lorsqu'on les entend lui parler avec sollicitude et douceur, lorsque, d'une voix un peu rude mais cordiale il leur dit en s'en allant : « Merci bien », on ne peut s'empêcher d'espérer que cet ouvrier, soulagé, guéri peut-être par d'aussi délicates mains, dira à ses camarades, en rentrant à l'atelier, que, chez les riches, il y a cependant du bon monde, et qu'en tout cas, à Plaisance, il y a des dames et des demoiselles qui sont bien gentilles. Plus ces contacts du riche et du pauvre, de ceux qui souffrent avec ceux qu'ils croient heureux, seront fréquents, plus il y aura chance de voir s'atténuer, sinon disparaître ces affreux malentendus dont la France menace de mourir. N'eût-elle fait que rendre ces contacts plus faciles et plus fréquents, la Société de secours aux blessés aurait déjà rendu un signalé service. Elle mérite d'être encouragée dans son œuvre qui est déjà grande et peut encore se développer, car il y a d'autres plaies que celles causées par l'obus, la balle ou le sabre, et il ne manque pas de blessés de toute sorte, atteints parfois dans leur âme aussi bien que dans leur corps, souffrants et irrités à la fois, sur le chevet desquels puisse se pencher quelque Agamède blonde ou brune, quelque Agamède aux belles tresses, en leur disant « de douces et suaves paroles. »

Comte D'HAUSSONVILLE,
de l'Académie française.

PREMIÈRE PARTIE

L'ANTIQUITÉ

CHAPITRE Ier

Les Grecs et le siège de Troie.

(PÉRIODE LÉGENDAIRE).

La guerre aussi vieille que l'humanité. — Origine de la chirurgie; l'homme a dû songer à panser ses maux. — Légende de Cham et de Sem. — Le siège de Troie. — Homère et Arctinus de Milet. — Le centaure Chiron et les élèves chirurgiens. — Machaon et Podalire. — Les médecins de l'armée grecque. — L'*Iliade* et les différents systèmes d'opérations. — Patrocle opère Eurypile. — Les premières ambulances. — Les tentes et les vaisseaux. — Les blessures légères. — Combattant d'abord, médecin ensuite. — Blessure de Ménélas. — Valeur accordée par Homère aux médecins. — Décadence et oubli de la chirurgie militaire. — La légende et les héros-chirurgiens. — Esculape et les demi-dieux.

L'histoire de l'humanité se confond intimement avec l'histoire de la guerre. Dès le commencement de l'époque dite « historique », c'est-à-dire dès que l'invention de l'écriture nous permet d'étudier l'histoire des peuples par des documents graphiques, nous assistons à de sanglants conflits, à des chocs de peuples et de races. On peut donc affirmer que, dès l'enfance du monde, l'homme a eu à panser des blessures et à étancher des flots de sang répandus dans les combats.

Chacun cherchant à soulager de son mieux les maux qui

l'accablaient, aussi bien les blessures reçues à la guerre que les traumatismes fortuits et accidentels, on avait certainement dû panser une blessure avant que des hommes fussent voués spécialement à cette pratique.

Une science d'une aussi incontestable utilité que la chirurgie a donc dû naître avec les hommes.

On en découvre des traces dès les temps les plus reculés, malgré l'incertitude et la variété des traditions.

Ne citons que pour mémoire la légende qui fait des médecins de Cham et Sem, fils de Noé.

D'après cette légende, le premier traité de médecine connu aurait été l'œuvre de Sem, dont le fameux Esculape serait un descendant à la huitième génération.

La première grande guerre dont l'histoire, qui en l'occurrence est représentée par la légende toujours fort sujette à caution fasse mention, est le siège de Troie, époque fabuleuse qu'on a convenu de dénommer « temps héroïques ».

Nous ne voulons en aucune façon prendre parti dans la querelle qui divise les historiens sur le plus ou moins de créance qu'il faut attacher à l'histoire du conflit qui fit se heurter les Grecs et les Troyens.

Nous dirons que l'*Odyssée* et l'*Iliade* d'Homère et *la Destruction de Troie* de son continuateur Arctinus de Milet (770 ans avant J.-C.) sont les sources où nous devons puiser les premières données sur la chirurgie des batailles.

On constate même ce fait, que les poèmes d'Homère détaillent toute l'ancienne médecine et chirurgie des Grecs : méthodes pour traiter les plaies, arrêter le sang, tirer les flèches et les dards, appliquer les pansements (1), et un

---

(1) Introduction au *Traité théorique et pratique des blessures par armes de guerre*, d'après les leçons cliniques de DUPUYTREN, pp. IV, V, VI.

auteur allemand, le médecin militaire Fröhlich a soutenu cette thèse, qu'Homère avait été médecin d'armée (1).

Nous ne croyons pas superflu de rappeler les controverses relatives à l'existence d'Homère. Quoi qu'il en soit, dans l'hypothèse d'un seul auteur ou dans celle d'une sélection d'auteurs différents dont les œuvres réunies auraient formé les deux célèbres poèmes, nous pouvons considérer à juste titre l'*Iliade* et l'*Odyssée* comme étant, si pas une peinture exacte, tout au moins un reflet des us, coutumes et mœurs des anciens Grecs.

Cependant l'histoire, la légende et la mythologie forment un bizarre assemblage, qu'il est presque impossible d'en dégager l'impeccable vérité. Aussi est-ce sous toute réserve que nous disons qu'il semble résulter des allégations des autorités problématiques que nous venons de citer, qu'il y avait un certain nombre de médecins dans l'armée grecque assiégeant Troie.

C'est ainsi que nous apprenons que la plupart des guerriers, les princes, voire les rois, pratiquaient la chirurgie. Ils étaient pour la plupart élèves de Chiron, le fameux Centaure Chiron (?). Tous les jeunes guerriers avaient la chirurgie pour base de leur éducation militaire.

L'antre de Chiron, qui, d'après les traditions, était situé sur le mont Pélion, fut l'école où Machaon, Thésée, Hercule, Patrocle, Podalire, Achille et autres héros, apprirent l'art de la chirurgie.

Machaon et son frère Podalire, tous deux fils d'Esculape, sont les deux personnages principaux qui eurent la direction de ce que nous appellerions le service médico-chirurgical de l'armée grecque pendant le siège de Troie.

Ils étaient princes et certes on peut les citer comme les deux plus anciens chirurgiens d'armée connus.

---

(1) Fröhlich, *Die Militärmedicin Homers*. 1879, Stuttgard.

Machaon surtout, dont il est dit qu'il avait la main plus légère pour l'extraction des traits et pour le pansement des blessures que son frère Podalire.

Celui-ci était plutôt médecin. Il était spécialement chargé de l'hygiène et s'était fait une véritable réputation en reconnaissant des maladies cachées et en faisant, aux dires de son historien, des cures incroyables.

Quant à Machaon, nous le voyons suçant une plaie faite

ACHILLE PANSANT PATROCLE, d'après HIRTH, *le Style*.

G. Hirth, édit., à Munich.

à Ménélas, roi de Sparte, par une flèche lancée par Pâris. A cette époque reculée, la succion était donc déjà connue.

Comme nous l'avons dit, Machaon et Podalire n'étaient d'ailleurs pas les seuls médecins de l'armée grecque. Patrocle, ami d'Achille, pour extraire le trait qui était

resté dans une blessure reçue par Eurypile, débride la
plaie.

Homère parle également de médecins très versés dans la
science des médicaments, et il cite le fait d'Idoménée qui,
ayant trouvé un Grec blessé au jarret, le fit emporter par
ses compagnons et confier *aux médecins*.

Dans l'*Iliade*, nous trouvons décrits. de la manière la
plus précise et la plus minutieuse, les divers moyens
propres à extraire du corps des blessés les flèches, les dards
ou les lances.

Trois méthodes différentes ont été employées :

1° *Par évulsion* ou traction de l'arme en arrière (comme
dans le cas de Ménélas) (1) ;

2° *Par enfoncement* ou en poussant l'arme en avant
(comme dans le cas de Diomède) (2) ;

3° *En élargissant la plaie* et en coupant autour de
l'arme pour la faire sortir (débridement) (comme dans le
cas de Patrocle et d'Eurypile) (3).

Par contre, ce que nous ne savons malheureusement pas
d'une manière bien exacte, c'est la façon dont le service
médical était organisé, ni quelles étaient les dispositions
prises pour assurer les premiers secours et le transport des
blessés.

Les blessures légères étaient très probablement pansées
sur le terrain même.

Quant aux guerriers grièvement atteints, nous supposons
qu'ils étaient emportés par leurs frères d'armes, qui les
déposaient sous leurs tentes. Ils étaient, dans certains cas,
dirigés vers les vaisseaux, lesquels constituèrent ainsi, en
quelque sorte, les premières ambulances.

---

(1) *Iliade*, liv. IV, vers 214.
(2) *Id.*, liv. V, vers 112.
(3) *Id.*, liv. XI, vers 218.

Il est surtout une particularité sur laquelle il importe d'attirer l'attention.

Les médecins étaient avant tout guerriers, et ce n'est qu'après avoir combattu avec acharnement qu'ils songeaient à leur mission humanitaire.

Homère s'étend d'ailleurs avec beaucoup plus de complaisance sur leur rôle guerrier que sur leur rôle médical.

En dénombrant la flotte (1), il nous apprend que Machaon et Podalire commandaient à trente vaisseaux.

Ménélas étant blessé (2), Agamemnon envoie Talthybius, le héraut, chercher Machaon. Il le trouve debout au milieu de la foule belliqueuse des guerriers qui l'avaient suivi.

Enfin Machaon lui-même est blessé à l'épaule par une flèche à trois pointes que lui lança Pâris.

Grande fut la consternation chez les Grecs et on emporta d'urgence sur son char l'illustre blessé vers les vaisseaux, car, dit-on, un médecin à lui seul vaut beaucoup d'autres hommes (3).

Cette dernière citation est tout à fait caractéristique.

Le siège de Troie terminé, la chirurgie militaire retombe dans l'oubli et les documents se font fort rares et disparaissent même complètement pendant de longs siècles.

Ajoutons que la légende s'étant emparée de la mémoire des héros-chirurgiens, les Grecs les divinisèrent.

Déjà d'ailleurs, Esculape avait été élevé au rang de demi-dieu. Nous verrons bientôt la place qu'occuperont les temples d'Esculape dans l'histoire des ambulances.

----

(1) *Iliade*, liv. ii, vers 729.
(2) *Id.*, liv. iv.
(3) *Id.*, liv. xi, vers 514.

CHAPITRE II

Les Races sémitiques.

ASSYRIENS, CHALDÉENS, HÉBREUX, PHÉNICIENS ET CARTHAGINOIS.

Ignorance relative sur l'histoire de l'Assyrie et de la Chaldée. — Fouilles de
Khorsabad. — Tablettes d'argile et écriture cunéiforme. — Chars de
guerre. — Catapulte. — Absence absolue de tombes assyriennes. — Espoir
dans les découvertes futures et progrès de la science assyriologique. —
Affirmations d'Hérodote. — Les « a-zu », médecins assyrio-chaldéens. —
Organisation médicale en Assyrie. — Nombreux tombeaux en Chaldée. —
Croyances religieuses concernant les sépultures. — Sciences astrono-
miques et mathématiques. — État embryonnaire de la médecine. — Prières
et incantations contre les mauvais génies. — Le démon « mal de tête ». —
Férocité de la race sémitique. — Supplice des prisonniers chez les Assy-
riens et chez les Hébreux. — Les Phéniciens, la terreur du monde antique.
— Carthage. — Incompatibilité entre les pensées d'humanité envers les
blessés et l'esprit de la race. — Mercenaires étrangers au service de
Carthage.

Bien que les auteurs anciens se soient occupés de
l'Assyrie et de la Chaldée, nous ne connaissons que fort peu
de choses exactes sur les antiques capitales des Sémiramis
et des Sardanapales de la légende et du Nabuchodonosor de
la *Bible;* sur Ninive et sur Babylone, les cités aux fabuleuses
splendeurs.

Diodore de Sicile, Abidène, Alexandre Polyhistor, Bérose,
Mégasthène, Strabon, d'autres encore, s'occupèrent des
Assyriens et des Chaldéens.

Ctésias écrivit sur le même sujet un livre dont il ne
nous reste que des fragments. Quant à l'*Histoire de
l'Assyrie,* d'Hérodote, elle est perdue.

Malheureusement, les renseignements que devait contenir un nombre aussi considérable d'ouvrages importants n'ont pas survécu à ce grand naufrage du moyen âge dans lequel ont sombré tant de précieux restes de l'antiquité. C'est à peine si quelques fragments vagues et décolorés pouvaient faire apprécier l'étendue de la perte.

Désastre plus déplorable encore! Depuis longtemps, les moindres traces matérielles de l'existence de ces anciens empires avaient complètement disparu (1).

Ce n'est qu'en 1840 qu'on commença à Khorsabad, endroit situé à 16 kilomètres de Mossoul, les fouilles pour découvrir les vestiges de la civilisation assyrienne et essayer de surprendre à la terre les secrets qu'elle recèle depuis trois mille ans. Les Assyriens ayant été un peuple essentiellement guerrier, on pouvait espérer retrouver quelques traces de leur organisation militaire..

Les rois faisaient inscrire la chronique de leur règne sur des morceaux d'argile, en écriture que l'archéologie a désignée sous le nom de « cunéiforme », c'est-à-dire en forme de tête de clou.

Les briques ainsi recouvertes d'écriture étaient soumises à l'action du feu et rendues inaltérables.

Ces briques servaient à la construction des palais, à l'édification de bas-reliefs, de monuments, ou bien étaient rangées dans des chambres spéciales, véritables bibliothèques défiant les éléments et se dérobant aussi bien au vandalisme de l'homme qu'à la lente altération du temps.

Au surplus, les noms des souverains et les indications multiples que ceux-ci avaient souci de transmettre à la postérité, étaient transcrits sur des prismes ou des cylindres allongés, en argile.

---

1) GEORGES HANNO, *les Villes retrouvées*, 108.

Ces documents étaient ensuite enterrés dans les fondations de l'immense palais que chaque roi faisait construire.

Car nul plus que les Assyriens ou les Chaldéens n'eurent le souci de l'avenir, dit le docteur Gustave Lebon (1).

Ils savaient bien qu'ils travaillaient pour les générations futures. Par les nombreux exemplaires de certaines de leurs œuvres comme par la matière employée, comme encore par des réflexions recueillies çà et là, nous voyons la préoccupation qu'ils avaient de créer des ouvrages indestructibles.

Cependant malgré leur multiplicité, les inscriptions parfois très prolixes sur des faits de très minime importance sont absolument muettes sur le sujet qui nous occupe.

Si nous savons que les Assyriens combattaient sur des chars (on croit même qu'ils sont les premiers à les avoir armés de faux) et s'ils passent pour avoir inventé la catapulte, nous ignorons complètement comment ils soignaient leurs blessés (s'ils les soignaient), et même de quelle façon ils enterraient leurs morts (s'ils les enterraient).

En effet, on ne trouve en Assyrie le moindre vestige de tombeau, ce qui est absolument anormal.

C'est en vain que Layard, le célèbre assyriologue anglais, fit faire des fouilles nombreuses et répétées.

Il alla même jusqu'à promettre une récompense considérable à celui qui lui donnerait les indications nécessaires ou qui découvrirait un tombeau assyrien authentique; tous les efforts avortèrent.

Nous sommes donc réduits aux conjectures. Nous pouvons supposer que les Assyriens laissaient les corps de leurs ennemis exposés aux vautours et aux bêtes fauves, mais que faisaient-ils des leurs tombés dans les combats?

____

(1) G. LEBON, *les Premières Civilisations*, p. 500.

La question est restée jusqu'ici sans réponse plausible, mais ce n'est pas le manque de texte et l'absence de monuments funéraires qui nous autorisent à croire que cette lacune serait le résultat d'une indifférence sans exemple dans la vie des peuples (1).

Peut-être ces questions trouveront-elles leur solution quand on aura déchiffré dans leur entier, les monceaux de documents que nous ont laissés l'Assyrie et la Babylonie et tous ceux que les fouilles feront encore paraître un jour.

La seule bibliothèque formée par le roi Assur-bani-Pal dans le palais de Koyoundjik, à Ninive, a fourni assez de tablettes d'argile pour former une masse de 100 mètres cubes.

Si l'on considère que les scribes prenaient à tâche de couvrir le plus petit espace avec le plus de texte possible et que leur écriture est parfois si fine et si serrée qu'on ne peut la déchiffrer qu'à l'aide d'une forte loupe, on ne sera pas étonné que cette seule bibliothèque de Koyoundjik contient assez de lignes pour remplir plus de cinp cents volumes de 500 pages in-4°.

Tous ces textes ne sont pas encore traduits, et l'on n'a déchiffré qu'un bien petit nombre de ceux qui sont écrits dans l'obscure langue « sumérienne ».

Les savants ne possèdent qu'imparfaitement cet antique langage, qui, sans doute, garde encore pour l'avenir de bien importants secrets (2).

Les patients efforts des assyriologues nous ménagent peut-être de curieuses révélations. A ce sujet, nous ne pouvons mieux faire pour démontrer la difficulté qu'il y a de se faire une idée exacte de l'état des sciences médicales en Assyrie, que de mettre en lumière l'évidente contradiction

---

(1) Joachim Ménaut, *Ninive et Babylone*, p. 152.
(2) G. Lebon, *op. cit.*, *passim*.

d'un récit d'Hérodote avec des documents d'une précision indiscutable récemment mis à jour.

Hérodote nous laisse entendre (1) qu'il n'y avait pas de médecins en Assyrie. On transportait les malades sur la place publique où chacun les venait aborder, s'informant de leur mal. Si d'aventure quelqu'un avait eu le même mal, il était tenu de dire par quel remède il avait obtenu sa guérison.

En dépit de cette citation d'Hérodote, des découvertes récentes sont venues éclairer d'un jour nouveau l'histoire des peuples assyrio-chaldéens au point de vue des sciences médicales.

Des textes déchiffrés récemment nous ont révélé l'existence de médecins à Ninive et à Babylone. On les appelait *a-zu* (2).

Les fils de ces médecins étaient, croit-on, assujettis à un long apprentissage qui leur permettait d'exercer à leur tour. On les élevait avec les fils des prêtres, dans les temples.

On croit qu'il existait une école de médecine à Nippur et une autre à Borsippa, où il y avait également une célèbre école d'astrologie.

Tous les médecins étaient réunis en corporation. Un certain nombre habitaient le palais du roi et étaient attachés à sa personne.

C'était le roi qui dans bien des cas devait ordonner aux médecins de se rendre auprès des malades.

Une lettre qu'on a déchiffrée prie le roi d'envoyer un

---

(1) Hérodote, liv. Ier, p. 197.

(2) Dumon, *Notice sur la profession de médecin*, d'après les textes assyro-babyloniens, Journal asiatique, 9e série, t. IX, 1897, pp. 315-376.

On peut également consulter sur ce sujet l'ouvrage du Dr Oefele, *Vorhippokratische Medizin westasiens Œgyptens*, etc., separatabdruck aus dem Handbuch der *Geschichte der Medizin*, Iena, 1901, pp. 52-109.

médecin près de la femme Baugamelat qui était fort malade.

Une autre lettre remercie le roi d'avoir envoyé à un malade un médecin qui l'a guéri (1).

On possède les débris d'un vaste traité de médecine intitulé : *Lorsque tu entres dans la maison de ton malade*, qui comprenait au moins dix-sept tablettes et plus sans doute, et dont deux exemplaires étaient conservés dans la bibliothèque d'Assur-bani-Pal (2).

Il est également question d'ustensiles médicaux divers, de bandages, etc., et certains textes font mention de praticiens appliquant des remèdes, lavant les plaies et posant des appareils de pansement.

Il ne faut cependant pas se dissimuler que les pratiques médicales étaient fort arriérées et probablement réservées aux rois et à leur entourage. La superstition formait la base des prescriptions. Quant aux armées, l'état actuel des découvertes permet d'affirmer qu'aucune organisation sanitaire n'y était instituée.

Nous avons dit plus haut qu'on ne trouve aucune trace de tombeau en Assyrie.

Tout au contraire, on en a découvert un nombre considérable en Chaldée.

Il ne faut pas s'en étonner. D'après leur foi religieuse, le plus grand malheur qui pût arriver aux hommes, était de rester sans sépulture. Cette croyance était d'ailleurs commune à la plupart des peuples de l'antiquité.

Bien que chez les Chaldéens, les sciences astronomiques et surtout mathématiques aient été poussées à un degré d'avancement très grand, la médecine paraît y être restée dans un état embryonnaire.

----

(1) DUMON, *op. cit.*, p. 322.
(2) ID., *op. cit.*, p. 325.

Les prières, les incantations pour combattre les mauvais génies et autres opérations magiques semblent avoir été les seuls moyens thérapeuthiques en usage.

Il existe, au British Museum, une tablette dont la traduction a été publiée par Sir H. Rawlinson et E. Norris dans le second volume du *Recueil des inscriptions*. On peut y lire vingt-huit formules d'incantations déprécatoires contre les actions des mauvais génies.

Voici, entre autres formules, les cérémonies qui devaient accompagner une incantation contre le *démon mal de tête :*

« Prends la laine d'une jeune brebis intacte ;

» Qu'une devineresse l'attache à droite ; qu'elle fasse de même à gauche ;

» Noue deux fois le nœud des sept ;

» Récite l'incantation d'Eridou ;

» Entoure la tête du malade ;

» Entoure le tronc du malade ;

» Serre ses membres ;

» Et qu'il s'assoie sur son lit ;

» Asperge-le avec l'eau enchantée ;

» Et le mal de tête, semblable à une mouche, s'enfuira au ciel devant toi. »

Nous nous bornerons à cette citation qui nous paraît typique.

Les autres peuples de race sémitique dont nous avons à nous occuper dans ce chapitre, ne semblent pas avoir eu les sciences médicales en grand honneur.

Nous ne dirons donc que quelques mots des Hébreux, des Phéniciens et des Carthaginois. Chez tous les peuples de cette race, la férocité semble avoir été naïvement inconsciente. Chez les Assyriens, que nous avons vus si désireux de faire passer leurs hauts faits à la postérité, les bas-reliefs nous montrent presque toujours des scènes de batailles suivies d'atroces scènes de massacre.

Voici ce que dit à ce sujet M. Place, qui a déblayé les ruines du grand palais de Sargon, à Khorsabad.

« Après le carnage de l'action, on assiste à des vengeances
» impitoyables. Ce sont des prisonniers écorchés vifs, sciés
» en deux, empalés, mis en croix, ou qui ont la tête tran-
» chée en présence du monarque, pendant qu'un scribe
» impassible inscrit froidement sur un papyrus le compte
» des têtes qui s'amoncellent. Comme dernier trait, pour
» peindre ces conquérants barbares, le roi, de sa propre
» main, crève les yeux d'un captif qu'on lui amène un
» anneau passé dans les lèvres.

» Narrateur fidèle, le sculpteur ne cherche jamais à atté-
» nuer les horreurs qu'il présente et qui, du reste, étaient
» racontées tout au long dans les inscriptions. Il les exprime
» avec une brutalité naïve bien propre à nous faire com-
» prendre la terreur qu'inspiraient les Assyriens. »

Quant aux Hébreux, il suffit de parcourir la *Bible* pour être édifié sur leur impitoyable férocité.

Toute conquête était suivie d'un massacre général, et des populations entières, sans distinction de sexe ni d'âge, étaient passées au fil de l'épée.

Les Hébreux ont, les premiers, élevé la loi du talion à la hauteur d'une institution et inscrit dans leurs livres ce que les barbares faisaient inconsciemment.

« Fracture pour fracture, œil pour œil, dent pour dent. On lui fera le même mal qu'il aura fait à un autre homme. »

Cette idée était même tellement fondamentale chez eux qu'ils l'appliquaient aux animaux. Un bœuf heurte de sa corne un homme ou une femme et que la personne en meure, le bœuf sera lapidé sans aucune rémission.

Dans le *Livre des Rois*, nous voyons David faisant écor- cher, brûler, scier la totalité des prisonniers.

La rapacité des Phéniciens, le premier des peuples marchands dans l'ordre de l'importance, n'avait d'égale que leur cruauté, laquelle était la terreur du monde antique.

C'étaient de véritables pirates; aussi, malgré l'absence de documents précis, pouvons-nous être assurés que leur colonie, qui devint la célèbre Carthage, malgré sa splendeur et son luxe, devait avoir la caractéristique de la race : la cruauté froide et implacable.

Inutile donc, croyons-nous, de chercher à retrouver les vestiges d'une organisation de secours pour les soldats blessés chez les peuples que nous venons d'énumérer. Il semble que la pensée même qui aurait dû présider à une organisation semblable, n'aurait jamais pu germer dans les esprits.

Pour Carthage surtout, qui la première fit concourir à sa défense des armées uniquement composées de mercenaires étrangers, la question peut être tranchée d'une façon définitive.

CHAPITRE III

Les Égyptiens.

Douceur des mœurs. — Thoth, le dieu des lettres et des arts. — Rois-médecins. — Papyrus médicaux. — Collections de Leipzig, de Berlin et du British Muséum. — Traces de la médecine égyptienne dans les œuvres gréco-latines. — Remèdes végétaux. — L'anatomie égyptienne. — L'embaumement et les embaumeurs. — Pourquoi les progrès anatomiques furent retardés. — La médecine, institution officielle. — Corps savants et écoles spéciales. — L'ophtalmie. — Réputation des médecins égyptiens à l'étranger. — Organisation médicale dans les armées égyptiennes. — Blessés soignés gratuitement. — Trépanation sur le champ de bataille.

Le peuple égyptien, s'il fut essentiellement guerrier, se fit cependant remarquer par une douceur de mœurs assez appréciable lorsqu'on la compare à ses voisins d'Asie.

Aussi apprendra-t-on sans étonnement que, de très bonne heure, on s'occupa activement de médecine et de chirurgie en Égypte et qu'une organisation sanitaire des armées signale ce peuple à notre attention.

Les Égyptiens considéraient Thoth, le dieu des lettres et des arts, comme l'inventeur de la médecine.

Cette science fut, dès les premiers âges, l'objet d'études passionnées, surtout de la part des rois.

Manéthon, prêtre et historien égyptien (iiie siècle avant notre ère), nous apprend que 4000 ans avant Jésus-Christ, Athotis, le second roi de la première dynastie, s'occupa activement de l'art de guérir.

Il composa six livres de médecine dont un spécialement traitant de l'anatomie.

Tosortros, deuxième roi de la troisième dynastie, se passionnait également pour cette science.

On possède de nombreux papyrus médicaux, entre autres un traité de médecine complet de plus de cent pages in-folio, avec une préface datant de l'époque de Rhamsès.

Leipzig, Berlin et le British Muséum renferment dans leurs collections les manuscrits les plus originaux (1).

Les renseignements qu'on y trouve sont particulièrement curieux.

Les remèdes prescrits sont, la plupart du temps, empiriques, mais il en est cependant dont on retrouve la trace dans les œuvres des médecins gréco-latins les plus réputés.

Les prescriptions affectaient les formes les plus diverses.

C'est ainsi que nous avons les formules d'un très grand nombre de recettes de tous genres : inhalations, fumigations, tisanes, pastilles, pilules à base de miel, etc.

Un des papyrus de Berlin nous donne l'indication d'un vomitif.

L'effet devait être certain si nous en jugeons par la formule : « Poisson pourri pilé dans de la bière. Boire d'un » seul trait. »

Les remèdes végétaux surtout étaient en grand honneur et le nom de plus de cinq cents plantes égyptiennes nous a été conservé par les papyrus médicaux.

L'anatomie, malgré les traités spéciaux qui concernaient cette science, était chose fort simple et fort primitive.

En voici un exemple :

« La tête a vingt-deux vaisseaux qui tirent les souffles

---

(1) Les œuvres des rois-médecins sont conservées dans ces différents manuscrits. Les papyrus de Berlin et de Vienne citent à différentes reprises, les recettes et les prescriptions de *Ousaphaïdos*, de la première dynastie, *Séthénés*, de la seconde, et *Bichérés*, de la quatrième.

Plusieurs recettes du temps de Chéops, qui fit construire la grande pyramide de Gizêh, sont conservées au British Muséum.

» du cœur et, de là, les amènent à toutes les parties du
» corps. Il y a deux vaisseaux aux seins qui conduisent la
» chaleur aux reins. Il y a deux vaisseaux aux jambes,
» deux aux bras. Il y a deux vaisseaux au front, deux à la
» nuque, deux à la gorge, deux aux paupières, deux aux
» narines. Il en est deux à l'oreille droite, par lesquels
» entrent les souffles de la vie, et deux à l'oreille gauche,
» par lesquels entrent les souffles de la mort (1). »

Cette bizarre description anatomique pourrait étonner
chez un peuple qui avait poussé aussi loin les procédés
d'embaumement (2).

Comment n'arriverait-il pas à une connaissance plus
approfondie du corps humain, dit M. Victor Loret.

La raison en est que les embaumeurs, choisis dans les
dernières classes de la population, ne pratiquaient leur art
que d'une manière presque machinale, d'après des traditions
religieusement observées.

On les méprisait. Les parents des défunts les poursuivaient ordinairement à coups de pierres après leur besogne
accomplie; ils vivaient en des quartiers solitaires, dans le
silence poudreux des nécropoles, séparés du reste des mor-
tels par toute la largeur du fleuve.

S'il s'en trouva parmi eux quelques-uns qui, plus stu-
dieux et plus attentifs, finirent, à force de préparer des
momies, par se rendre un compte exact de l'organisation
intérieure du corps, ils ne purent jamais se mettre en contact avec les médecins et les faire profiter de leurs observa-

---

(1) Papyrus de Berlin datant de l'époque d'*Ousaphaïdos*.

(2) La conservation des cadavres constituait pour les Égyptiens une
préoccupation fondamentale, aussi l'embaumement fut-il poussé chez eux
à un degré de perfectionnement qu'aucun peuple n'a atteint. Les momies
égyptiennes sont restées intactes pendant plus de cinquante siècles. Celle
de Sésostris, retrouvée de nos jours, conserve fidèlement encore les traits
du grand conquérant. (Dr G. LEBON, *les Premières Civilisations*.)

tions. L'anatomie resta donc toujours ce qu'elle était au début de la monarchie pharaonique, une sorte de système imaginé de toute pièce (1).

Les chirurgiens n'eussent d'ailleurs pu acquérir aucune connaissance spéciale par l'observation directe, la loi religieuse s'y opposant en déclarant que la dissection d'un corps était un sacrilège effroyable. Cette même pensée, poursuivant la science jusqu'au milieu du moyen âge, retarda les progrès de la science d'une façon profondément regrettable.

La médecine fut, dès les premiers âges de l'Égypte, une institution officielle.

Les médecins, les astronomes et les mathématiciens formaient des corps savants qui occupaient, dans les grandes villes, des locaux spéciaux, avec logements, salles de réunion, bibliothèques.

Dès les premières dynasties, des écoles de médecine furent fondées en différents points du royaume (2).

Qui pourrait s'étonner, dès lors, du grand nombre de médecins égyptiens? Il y avait même des spécialistes pour diverses maladies.

L'ophtalmie, qui sévissait déjà avec une grande intensité sur les bords du Nil, nécessitait les soins des médecins ocu-

---

(1) Victor Loret, *l'Égypte au temps des Pharaons*, p. 222.

(2) Nous connaissons quelques-unes de ces écoles.

A Saïs, dont la déesse Neith était considérée comme une Athéna égyptienne, existait un collège où des femmes instruites enseignaient leur métier aux sages-femmes et donnaient aux médecins des leçons de gynécologie.

A Héliopolis, où bien des savants grecs allèrent puiser leur science, se trouvait une vaste école de médecine, placée sous la protection du dieu solaire.

A Memphis, le dieu Imhotep, l'Imouthé des Grecs, était regardé comme une sorte d'Esculape et son temple renfermait une bibliothèque médicale. (Victor Loret, *op. cit.*, p. 255.)

listes, dont la renommée était telle que le roi des Perses Cambyse avait appelé près de sa personne, un médecin oculiste égyptien.

De même, Cyrus et Darius firent venir d'Égypte des médecins pour les soigner de maladies graves.

Pline, dans sa correspondance avec Trajan, a laissé plusieurs lettres où il est question d'un certain Harpocrate, médecin égyptien établi à Rome. Pline se réjouit d'avoir été guéri par cet étranger, alors que tous les efforts de ses compatriotes avaient échoué.

Homère, Hérodote et Pline parlent tous trois du grand nombre et de la réputation des médecins égyptiens (1).

Diodore de Sicile nous apprend ce fait intéressant. Les armées en campagne étaient accompagnées de médecins entretenus aux frais de l'État. Ceux-ci soignaient tous les blessés gratuitement pendant toute la durée de l'expédition.

Le service de santé paraît même assez bien organisé, puisque Tite-Live relate un événement remarquable :

Un roi d'Égypte, Ptolémée Philométor, qui fut renversé de cheval et blessé d'un coup à la tête au cours d'une bataille livrée l'an 146 avant Jésus-Christ contre Alexandre Balas, le prétendant au trône de Syrie, fut trépané sur le champ de bataille même. Il mourut après le combat pendant que les médecins lui faisaient un pansement.

Pour que, sur le champ de bataille même, une semblable opération fût possible, il fallait assurément un service de secours assez complet.

---

(1) Dans l'*Histoire de Platon*, de Diogène Laërte, celui-ci fait mention de la maladie de son héros au cours de son voyage en Égypte et ajoute qu'il remarqua, comme Homère, que les Égyptiens étaient tous médecins.

CHAPITRE IV

Les Races aryennes.

MÈDES ET PERSES.

Idées humanitaires se font jour à l'apparition des races aryennes. — Sciences
médicales en honneur chez les Mèdes et les Perses. — Sollicitude de Cyrus
le Grand pour ses soldats. — Son opinion sur le rôle des médecins. —
Blessés ennemis soignés. — Humanité et clémence des Perses envers les
vaincus. — Corrélation entre les idées humanitaires naissantes et l'organisation d'un embryon de service de santé militaire. — Date dans l'histoire
de l'humanité. — Médecin oculiste. — Hospitalité des Perses envers les
savants étrangers. — Ctésias, médecin des armées d'Artaxerxès.

Avec l'apparition des races aryennes dans l'histoire de la
civilisation, nous voyons se manifester un mouvement bien
marqué vers les idées humanitaires.

Les successeurs des cruels et sanguinaires rois assyriens
et chaldéens vont nous en fournir des exemples frappants.

Les Mèdes, et surtout les Perses, d'abord leurs tribu-
taires et ensuite leurs vainqueurs, semblent avoir tenu assez
tôt les sciences médicales en grand honneur.

Cyrus le Grand, le fondateur du puissant empire perse,
veillait avec la plus grande sollicitude à ce que ses soldats
pussent se procurer tout ce qui était de nature à atténuer les
maux de la guerre et ce que leur imprévoyance leur faisait
trop souvent négliger.

Dans la *Cyropédie*, ce roman historico-politique, Xénophon nous montre Cyrus persuadé de l'importance qu'il y a
d'attacher des médecins aux armées.

Voici en quels termes s'exprime le roi des Perses :

« Quant à la santé, ayant entendu dire et observé que
» les villes qui désirent la santé choisissent des médecins, et
» que les généraux, pour le salut de leurs soldats, prennent
» des médecins, quand je fus nommé à ce commandement,
» je portai immédiatement mon attention sur ce point et
» je crois que j'ai près de moi des hommes très habiles dans
» l'art de guérir. »

Dans le même ouvrage, nous trouvons un fait absolument remarquable pour l'époque.

Cyrus recommande aux services et aux soins de ses médecins d'armée, les Chaldéens blessés et faits prisonniers *en luttant contre lui.*

Cette généreuse conduite honore grandement Cyrus, car à cette époque de barbarie l'extermination et même la torture des vaincus étaient de règle absolue. D'une manière générale, les Perses se montrèrent toujours assez cléments envers leurs adversaires désarmés et n'exercèrent jamais les atroces cruautés qui signalèrent d'une façon si terrible la domination assyrienne.

Volontiers même, dit le Dr G. Lebon, ils laissaient aux princes qu'ils avaient soumis, la liberté et parfois la couronne.

Ceux qu'ils emmenaient captifs vivaient à la cour, entourés d'égards, comme Crésus.

Nous pourrons certes, sans être taxés d'exagération, établir une corrélation entre le traitement moins cruel infligé aux vaincus et l'établissement du service de santé dans les armées.

Le service de secours aux blessés, bien qu'à l'état embryonnaire et primitif, avait cependant son origine dans les pensées d'humanité qui commençaient à se faire jour.

L'homme sentait enfin s'émouvoir en lui quelques sentiments de commisération pour son semblable, blessé ou malheureux. Ce fait marque assurément une date dans l'histoire de l'humanité.

Par la suite, les Perses continuèrent d'honorer grandement les sciences chirurgicales.

Nous avons déjà vu, à propos de l'Égypte, que Cambyse avait appelé auprès de sa personne un médecin oculiste (1).

Les Perses cherchèrent à s'assimiler les connaissances spéciales de leurs voisins ou les progrès réalisés par eux.

Si quelque aventurier de talent était obligé, par suite d'un méfait quelconque, de quitter sa patrie, ou bien s'il voyageait dans le but de faire fortune, il était sûr de trouver près du roi l'hospitalité la plus large et l'accueil le plus bienveillant. C'est ainsi qu'on put voir à la cour des chirurgiens égyptiens et des médecins grecs, sans compter des mages de la Médie, des architectes assyriens ou phéniciens et des sculpteurs de Babylone.

Les médecins grecs surtout furent en grande faveur, car au siècle suivant Hippocrate (qui cependant ne donne que de très vagues indications sur la chirurgie d'armée) nous apprend (2) qu'un de ses parents (son neveu, croyons-nous), Ctésias, originaire d'Ionie, se rendit en Perse vers 416 avant Jésus-Christ. Galien et Diodore de Sicile pensent qu'il aurait été fait prisonnier, mais que ses connaissances médicales le firent admettre à la cour avec les plus grands honneurs. Il prodigua pendant dix-sept ans les ressources de son art dans les armées d'Artaxerxès.

---

(1) HÉRODOTE, liv. III, *initio*.
(2) HIPPOCRATE, *le Médecin*, § 14.

CHAPITRE V

Les Grecs.

Nous nous sommes déjà occupé de la Grèce, de ses
armées expéditionnaires lors des temps héroïques de la
guerre de Troie, et cela nous a permis d'affirmer qu'il existait un service de santé militaire dès ces temps reculés.

Nous avons vu également que la chirurgie militaire
retomba pour de longs siècles dans l'oubli.

La médecine s'était confinée dans les temples. Elle était
aux mains des prêtres qui en trafiquaient, en l'enveloppant
de fables et de mystères.

Le monopole sacerdotal paralysait ses progrès. C'est
Hippocrate qui eut la gloire de l'arracher du sanctuaire et
de la produire au grand jour (1).

Les Grecs étaient foncièrement superstitieux. Ils crai-

______

(1) GUARDIA, *Histoire de la médecine*, p. 1.

gnaient moins la mort que la privation de sépulture et nous les voyons plus préoccupés de l'observation des rites à suivre après le trépas que des moyens propres à soulager leurs maux. Aussi ne devons-nous pas être trop surpris de voir les Athéniens faire périr des généraux, qui, après

VUE D'UN ASCLÉPION.

une victoire sur mer, avaient négligé de faire enterrer les morts (1).

Cependant, sous l'influence de son admirable civilisation, la science médicale fit bientôt de grands progrès en Grèce et elle eut nécessairement une immédiate répercussion sur l'organisation du service de santé des armées.

____

(1) FUSTEL DE COULANGE, _la Cité antique_, p. 11.

Lorsque nous étudions les lois que Lycurgue donna au peuple lacédémonien dès les premiers temps de la Grèce, nous sommes amené à supposer qu'il y avait des chirurgiens attachés aux armées.

Xénophon est, à cet égard, absolument formel.

Des médecins, dit-il (1), étaient attachés à l'armée spartiate et la suivaient en campagne. Dans un plan dressé d'avance pour les troupes avant la bataille, il était ordonné que divers employés fussent placés derrière le roi, entre autres les devins ou les prêtres, *les médecins*, les chefs de l'armée, les joueurs de flûte et les personnes qui étaient volontairement présentes à l'expédition.

Au dire de Littré (2), ces médecins devaient être des prêtres d'un des temples d'Esculape, à Sparte.

Les documents concernant les premiers siècles de l'histoire grecque sont cependant fort rares et passablement obscurs.

Heureusement nous avons pour les époques plus rapprochées, des sources de renseignements à la fois plus abondantes et plus précises. Le récit de la fameuse retraite des Dix Mille est à ce sujet des plus attrayant et des plus instructif.

Xénophon, qui la dirigea en qualité de général en chef, en fut aussi l'historien. Il nous en a laissé une relation des plus circonstanciées qui nous permet de nous rendre compte de la façon dont les Grecs comprenaient leurs devoirs envers les victimes de la guerre.

Les dix mille mercenaires grecs qui durent opérer, après la bataille de Cunaxa (3), la brillante et célèbre retraite de quinze mois, comptaient un grand nombre de chirurgiens dans leurs rangs.

---

(1) Xénophon, *Gouvernement des Lacédémoniens.*
(2) Littré, *Introduction aux œuvres d'Hippocrate*, t. Ier, p. 6.
(3) 401 ans avant Jésus-Christ.

Lorsque les blessés étaient dans l'impossibilité absolue de suivre l'armée et que le camp devait être levé, on les dispersait dans les localités voisines.

C'est ainsi qu'avant d'arriver aux monts Carduques, Xénophon, se voyant dans l'obligation d'abandonner une partie de ses blessés, laissa huit médecins auprès d'eux avec la mission de leur prodiguer les soins les plus assidus et les plus complets.

Il est de toute évidence qu'un général aussi prévoyant, aussi prudent et aussi préoccupé d'assurer à ses troupes les meilleures conditions d'existence, ne s'était pas démuni de tout son personnel médical.

S'il laissait auprès de quelques blessés un groupe de huit médecins, nous pouvons être absolument persuadé qu'il devait avoir gardé auprès de lui des gens de science en nombre suffisant.

Xénophon nous a laissé également de très intéressants renseignements sur la manière dont s'opéra le transport des blessés et des invalides qu'il était impossible d'abandonner.

A raison des conditions spéciales dans lesquelles se faisait la retraite, les soldats les plus forts et les plus vigoureux furent chargés de soutenir ou de transporter leurs compagnons d'armes.

Ce touchant spectacle de confraternité provoquait, constate Xénophon (1), une notable diminution dans le nombre des combattants, une grande partie d'hommes valides étant préposés aux soins et au transport des blessés et de leurs armes.

Malgré le déchet que subissaient ses effectifs, Xénophon semble avoir veillé tout spécialement à l'accomplissement de ce devoir humanitaire. L'anecdote suivante en fait foi (2).

---

(1) Xénophon, *l'Anabase*, liv. III, chap. iv.
(2) Id., *Ibid.*,, liv. V, chap. viii.

L'expédition touchait à sa fin. Grâce à la fermeté et à la prévoyance du général en chef, les Grecs allaient revoir bientôt leur patrie. Xénophon fut accusé d'avoir été, en maintes circonstances, trop dur et trop inflexible envers ses soldats.

L'accusateur ayant dû s'expliquer publiquement, fut reconnu être un soldat qui, étant contraint de porter un camarade blessé, avait tenté de se débarrasser de son fardeau en enterrant vivant le pauvre invalide confié à sa garde. Le général ayant eu connaissance de cet acte avait fait châtier énergiquement le coupable. L'armée proclama solennellement que le châtiment n'avait pas encore été suffisant pour expier un pareil forfait.

Comme on peut en juger par ce trait, les idées humanitaires étaient considérablement en progrès.

La retraite des Dix Mille marque une date importante dans l'histoire de la médecine militaire, et dans l'intéressant récit que nous a légué Xénophon, on trouve la trace de la plupart des affections propres aux grandes réunions d'hommes en campagne (1).

Le célèbre capitaine était profondément pénétré de l'influence que peut avoir la présence des médecins près des troupes.

Influence morale, propre surtout à soutenir le courage et à parer aux défaillances.

L'expérience de la retraite des Dix Mille ne dut certainement pas être perdue; pour les Grecs aussi lorsque, un siècle plus tard, Alexandre le Grand poursuivit le cours de ses conquêtes, pouvons-nous être certain, malgré

____

(1) Xénophon traite spécialement de la perte de la vue et des congélations provenant de la neige et du froid excessif auxquels furent exposées ses troupes dans les montagnes après le passage de l'Euphrate. — Voir à ce sujet, Laveran, *Traité des maladies et épidémies des armées*, passim.

l'absence de documents précis, qu'un service chirurgical devait être assuré dans les armées du fameux conquérant.

On a découvert en 1876 une inscription donnant les termes d'un contrat intervenu entre les autorités de la ville d'Idalion, dans l'île de Chypre, et un médecin, chef et mandataire de toute une famille de médecins.

Ceux-ci s'engagent à assurer le service médical d'une armée, moyennant une rémunération en terres et en argent (1).

C'est un des rares documents concernant les honoraires des médecins d'armée de l'antiquité qui nous soient parvenus.

Les auteurs anciens ne font que quelques allusions à des cas d'assistance chirurgicale donnée sur les lieux de combat.

En ce qui concerne Alexandre, nous trouvons dans Quinte-Curce un fait très intéressant.

Lors de la prise de la capitale des Oxydras, Alexandre s'étant élancé un des premiers dans les murs de la forteresse, fut atteint par une longue flèche (*duorum cubitorum sagitta*) qui pénétra dans le thorax par le côté droit (*per thoracem paulum super latus dextrum infigeretur*).

On transporta le roi macédonien sur un bouclier et on le déposa sous sa tente.

Après avoir retiré le trait de la flèche, on lui enleva sa cuirasse et alors on s'aperçut que le fer de la flèche était dentelé.

Un élargissement artificiel de la plaie était donc nécessaire. L'imminente augmentation de l'hémorragie allait considérablement compliquer le danger.

Le chirurgien Critobule entreprit l'opération. Plu-

---

(1) *Gazette hebdomadaire de médecine et de chirurgie*, 1877, n° 25, du 22 juin.

tarque (1) relate que le fer de la flèche était large de 3 doigts et long de 4.

Comme on le prévoyait, une hémorragie (*ingens vis sanguinis*) grave survint.

Malgré les pansements réitérés et les médicaments (*medicamenta*) le sang coulait toujours à flots, et une insensibilité complète étant survenue, on cria que le roi était trépassé.

Les chirurgiens firent tant que l'hémorragie cessa et que le blessé revint à lui par degrés. L'opération réussit parfaitement et Alexandre fut rapidement rétabli.

Il est superflu de faire remarquer que pour réussir pareille opération sur le terrain et alors que le succès était subordonné à une grande promptitude dans l'application des secours, il fallait qu'un service sanitaire fût organisé.

Alexandre le Grand avait d'ailleurs déjà poussé assez loin l'organisation des services de subsistance, d'intendance, dirait-on aujourd'hui, dans ses armées. Celles-ci opérant fort loin de leur base, le grand conquérant avait compris à quel point les soins de toute nature prodigués aux soldats stimulaient leur courage et leur valeur.

Les soldats grecs qui secondaient si vaillamment leur illustre chef et qui contribuaient pour une si large part à l'édification du vaste empire macédonien, devaient faire l'objet de la sollicitude constante d'Alexandre.

Cette considération nous a amené à rechercher si l'on n'aurait pas édifié en Grèce des espèces d'hôpitaux réservés aux soldats malades ou blessés, ce que nous appellerions de nos jours des « ambulances ». Si nous faisons abstraction du siège de Troie, où nous avons vu les blessés transportés à bord des vaisseaux, nous ne trouvons nulle part trace de ce que les victimes aient été réunies dans un endroit spécial

____

(1 PLUTARQUE, *Vie des grands hommes.*

pour y recevoir des soins. Chacun était pansé soit sur le terrain même, soit dans sa tente où il se faisait transporter.

Quelques indices pourraient nous faire supposer que les blessés se réunissaient sous les portiques des temples d'Esculape.

Ces temples, qui étaient de véritables hôpitaux, s'appelaient *Asclépieion*.

Au dire de Strabon (1), le plus célèbre de ces *Asclépieia* était situé à Epidaure, ville de l'ancienne Argolide (2).

Il a cependant été établi que *tous* les malades se réunissaient dans les temples d'Esculape. Ceux-ci n'étaient donc pas réservés aux seuls soldats, quoique après une bataille ou au retour d'une expédition, le nombre des traumatisés militaires étant fort grand, il ne dût rester que fort peu de place pour les malades ordinaires.

Quoi qu'il en soit, aucun emplacement spécial, aucun *hôpital militaire* n'était édifié.

Voici d'ailleurs ce que nous trouvons à ce sujet dans la tragédie *Achille*, du poète Ennius :

« O Patrocle, dit le brave Eurypyle, je viens te demander
» du secours et l'aide de tes mains, avant que je ne
» succombe à ce mauvais coup, que vient de me porter un
» ennemi. *Les autres blessés remplissent les portiques du*
» *temple d'Esculape.* Je ne puis en approcher. Mes genoux
» fatigués fléchissent sous mon corps tremblant, et je n'ai
» nul moyen d'arrêter mon sang, qui s'échappe à flots (3). »

Il est à remarquer que cette tragédie, bien que se rapportant au siège de Troie, nous décrit les mœurs du temps où elle fut écrite.

Ennius, bien qu'on l'ait surnommé l'Homère latin, était

---

(1) STRABON, *Géographie*, liv. VIII, chap. xv.

(2) D'après la mythologie, Esculape y aurait vendu des oracles.

(3) Dr EDMOND DUPOUY, *Médecine et mœurs de l'ancienne Rome d'après les poètes latins,* p. 350.

Grec de naissance. Il était né en 239 et mort en 169 avant Jésus-Christ. Si donc nous considérons les temples d'Esculape comme des ambulances militaires, on peut juger qu'elles étaient déjà insuffisantes et encombrées pendant l'action.

Mais quelque primitifs qu'ils furent, ils ne constituèrent pas moins une étape dans la voie de l'organisation du service médical des armées (1).

Des faits que nous venons d'exposer, il résulte que la Grèce, qui vit la merveilleuse efflorescence de la civilisation, non seulement a vu se développer la science médicale, mais encore fut la première à servir la cause de l'humanité en instituant le service médical des armées que quelques peuples n'avaient encore conçu qu'imparfaitement (2).

---

(1) Pour les renseignements complémentaires sur les *Asclepieia*, consulter DICTIONNAIRE DES ANTIQUITÉS GRECQUES ET ROMAINES, article *Asklépeion*, t. Ier, p. 470 ; Dr VERCOUTRE, *la Médecine sacerdotale dans l'antiquité grecque* (REVUE ARCHÉOLOGIQUE, 1886) ; A. GAUTHIER, *Recherches historiques sur l'exercice de la médecine dans les temples, chez les peuples de l'antiquité*, 1844 ; Dr COURTOIS-SUFFIT, *les Temples d'Esculape. La médecine religieuse dans la Grèce ancienne*, 1891 ; P. GIRARD, *l'Asclépeion d'Athènes*, 1882 ; LÉON LALLEMAND, HISTOIRE DE LA CHARITÉ, t. Ier, *l'Antiquité*, pp. 89 et suiv., 1902 ; CH. DIEHL, *Excursion archéologique en Grèce : Les fouilles d'Epidaure*, chap. IX ; DEFRASSE et LECHAT, *Epidaure, restauration et description des principaux monuments du sanctuaire d'Asclépios*, 1895.

(2) Sur l'ensemble de la médecine grecque, consulter Dr A. CORLIEU, *les Médecins grecs*, 1884.

CHAPITRE VI

Les Romains.

Lorsqu'on étudie l'histoire romaine au point de vue des institutions officielles et autres, on constate avec étonnement la très médiocre importance de la médecine et de la chirurgie pendant les premiers temps.

On peut même affirmer que l'art de guérir était peu pratiqué, voire presque inconnu pendant de longs siècles.

Le fait, pour être assez anormal, quand on songe au degré de perfection qu'atteignirent assez rapidement les institutions romaines, n'est pas moins certain.

On sait que pendant les cinq premiers siècles de sa fondation, Rome n'eut aucun médecin.

Ce n'est qu'en 534, c'est-à-dire 219 ans avant notre ère, qu'un chirurgien grec nommé Archagatus, fils de Lysanias, arriva du Péloponèse et se mit à exercer son art à Rome.

Jusqu'alors les Romains n'avaient guère eu recours qu'à des charlatans et cette époque dut être l'âge d'or de l'empirisme. Sorciers et charlatans avaient le champ d'autant plus libre que la science n'était pas là pour combattre leurs pernicieuses pratiques.

Les Romains furent d'ailleurs assez réfractaires à la diffusion des sciences médicales dans leur ville. Dans une lettre à son fils, Caton l'Ancien lui recommande particulièrement de ne pas recourir aux médecins grecs qui essayaient à cette époque de s'installer à Rome. Les sciences thérapeutiques ne progressèrent que très lentement et l'art de guérir ne fut pratiqué d'abord que par des étrangers, Grecs et Egyptiens.

Les riches s'accoutumèrent par la suite à installer dans leurs habitations de ville ou de campagne des endroits spéciaux, sorte d'infirmeries nommées *valetudinaria*, auxquels ils attachèrent des affranchis médecins, aidés d'esclaves spécialement désignés pour cet office.

L'histoire militaire de Rome peut se diviser en deux grandes périodes.

Nous les appellerons les Milices nationales et les Armées permanentes.

L'histoire du service de santé des armées est intimement liée à ces deux grandes époques.

Les premières opérations militaires romaines furent fort courtes. Tous les citoyens y prenaient part et rentraient ensuite dans leurs foyers. S'ils étaient blessés ou malades, ils retournaient chez eux pour se faire soigner. Il est d'ailleurs à noter que la situation sanitaire était habituellement fort bonne dans les armées romaines (1).

Les habitudes de tempérance, la frugalité, la gymnastique, les exercices et les rudes travaux auxquels se livrait le légionnaire, endurcissaient le corps et le rendaient propre à résister plus efficacement aux maladies.

Il faut également considérer que pendant longtemps, l'armement et l'équipement du soldat romain furent de beaucoup supérieurs à ceux de ses ennemis.

La proportion de morts, de blessés et de malades était donc assez minime.

Ces raisons, jointes à l'absence totale de médecins ou de chirurgiens à Rome, firent que les armées composées des milices nationales sous les rois et sous la République, furent totalement dépourvues de service sanitaire.

Aussi les auteurs qui font mention de la fameuse peste de Sicile, qui affligea les armées romaines et carthaginoises pendant les guerres puniques, nous apprennent qu'en guise de moyens prophylactiques on se contenta d'adresser des prières aux dieux, ce qui, est-il besoin de le dire, était tout au moins insuffisant.

Chez tous les peuples civilisés, le fait d'abandonner les

---

(1) Il y a cependant, faut-il le dire, quelques exceptions.

Nous devons à Diodore de Sicile la relation de l'épidémie qui, 395 ans avant Jésus-Christ, sévit à Syracuse (peste de Syracuse, maladie des camps de Sicile).

Tite-Live parle aussi d'une maladie pestilentielle qui fit en Sicile de grands ravages dans les armées romaines et carthaginoises.

La peste de Galien (165 à 180 après J.-C.) débuta dans une armée envoyée en Syrie pour réprimer une révolte et c'est l'armée qui transporta la peste à Rome lorsqu'elle vint y triompher.

Pline le Naturaliste, fait mention d'une maladie qui affligea l'armée romaine en Germanie et dans laquelle plusieurs auteurs ont cru reconnaître le scorbut. (LAVERAN, *Traité des maladies et épidémies des armées*, p. III.)

blessés sur le champ de bataille ou de laisser les morts sans sépulture, a toujours pris le caractère d'une défaite. C'était une sorte d'aveu tacite. Les Romains, sans nul doute, devaient avoir des sentiments semblables et si, comme nous l'avons dit, chaque citoyen blessé légèrement rentrait dans ses foyers pour se faire panser, il est à supposer que les soldats blessés plus grièvement devaient être soignés par ceux de leurs compagnons dont les goûts et les aptitudes particulières disposaient plus spécialement à la pratique de la grossière chirurgie de l'époque.

Mais, s'il n'y eut pas de médecins proprement dits, expose M. Gauldrée-Boilleau (1), il exista dès l'origine — la chose ne saurait être contestée — des hommes qui, instruits par leur propre expérience, furent en état de s'éclairer réciproquement, surtout pour la guérison des blessures. Des procédés élémentaires, perfectionnés successivement, auront été employés par les chefs de famille ; il s'en sera trouvé parmi eux de plus habiles, de plus heureux dans l'observation des faits, dans l'amélioration progressive de la pratique : c'est ainsi que, une expérience croissante aidant, on aura vu se former un certain nombre d'hommes utiles à leurs voisins et bientôt désignés par la notoriété pour panser et guérir les blessés des armées.

Nous en avons la preuve dans le fait d'un certain Pérussin, qui de soldat devint *médecin des plaies*.

Le fils de Régulus ayant été blessé dans un combat, Pérussin le pansa.

Nous trouvons dans Tite-Live, qu'au cours de la bataille du lac Régillus (497 ans avant J.-C.) Titus Herminius ayant été blessé par un javelot, fut porté au camp. Il mourut pendant le premier pansement, mais aucun

----

(1) A. GAULDRÉE-BOILLEAU, *l'Administration militaire dans l'antiquité*, p. 411.

détail ne nous apprend si ce pansement fut fait par un soldat ou par un homme spécialement désigné à cet effet.

Tite-Live nous apprend de même qu'en 483 avant Jésus-Christ, après la bataille où les Étruriens furent écrasés par les Romains, on fit porter les blessés dans les demeures des sénateurs (1).

Cette hospitalité était de règle dans les familles patriciennes. Bien souvent elle cachait chez un grand personnage ambitieux, désirant se concilier la faveur de ses concitoyens, une arrière-pensée de flatterie envers la plèbe.

Quoi qu'il en soit, nous pouvons noter ce fait important dans le sujet qui nous occupe.

Pour étayer notre argumentation, nous citerons Tacite (2) qui, en nous laissant le récit d'une grande catastrophe publique sous le règne de Tibère, la chute de l'amphithéâtre de Fidènes, relate que les blessés furent immédiatement transportés dans les maisons de citoyens où ils furent pansés et secourus.

On fit, dit le narrateur, de même qu'*autrefois après les grandes batailles.*

Par suite de l'extension des conquêtes et de la nécessité de s'éloigner de plus en plus de leurs foyers, quelques officiers supérieurs se virent dans la nécessité d'emmener avec eux en campagne des gens capables de leur prodiguer des soins.

Ce furent d'abord des esclaves ou des affranchis et, par la suite, des chirurgiens grecs et égyptiens lorsque ceux-ci commencèrent à s'implanter à Rome.

L'organisation militaire en général faisait de grands progrès.

Carthage venait d'être détruite et les cohortes romaines

---

(1) Tite-Live, liv. II, chap. xlvii.
(2) Tacite, *Annales*, liv. IV, chap. lxiii.

poursuivaient le cours de leurs victoires qui allaient bientôt assurer à leur patrie l'empire du monde.

On trouve dans un grand nombre d'auteurs les détails les plus précis et les plus minutieux sur toute la brillante organisation des armées.

Les ambulances seules, ou ce qui aurait pu en tenir lieu, sont complètement passées sous silence.

César, dans ses Commentaires, ne fait aucune allusion à une organisation médicale quelconque. Cependant il aurait, le premier, octroyé aux médecins grecs et égyptiens le Droit de Cité à Rome, « une telle faveur devant leur faire aimer davantage le séjour de cette ville et en attirer d'autres (1) ».

Quelque temps après, Auguste les exonéra des impôts et des taxes publiques et certains reçurent l'anneau de « chevalier ».

Nous pouvons conjecturer que César, cet administrateur et cet organisateur de tout premier ordre, n'avait pas dû négliger le service médical, service d'une importance primordiale pour des armées opérant aussi loin de leur base de formation.

S'il ressort de certains faits, que nous examinerons au chapitre suivant, que les hôpitaux et ambulances ont été institués dans les camps plus tard, il nous est permis de croire que déjà les blessés étaient réunis dans un même endroit, tout au moins pendant leur convalescence.

Au cours de la guerre des Gaules, pendant que les lieutenants de César mettaient à sac les provinces belges d'Éburonie pour se venger d'Ambiorix, l'indomptable chef des Éburons, nous voyons dans un camp commandé par Quintus Tullius Cicéron, celui-ci permettre à trois cents hommes de diverses légions blessés et malades, mais en cours de rétablissement, de faire au dehors de l'enceinte fortifiée des

---

(1) Suétone, *Jules César*, XLII.

promenades de santé en se groupant sous une même enseigne (1).

Après la bataille de Bibracte, Jules César fait suspendre la poursuite contre les Helvétiens qu'il venait de battre et qu'il avait un puissant intérêt à atteindre, pour permettre l'ensevelissement des morts (2).

Ce n'est que difficilement, étant donnée l'obscurité des textes, que nous pouvons nous rendre compte de l'importance du service sanitaire. Nous sommes donc réduits aux déductions.

C'est ainsi qu'un passage de Cicéron (3) établit cette comparaison entre un vieux légionnaire et un jeune soldat :

« Vous voyez, dit-il, le soldat neuf et non exercé, pousser
» de honteux gémissements pour quelques blessures légères.
» Au contraire, le vieux soldat, dont les exercices ont
» doublé l'énergie, demande seulement un médecin qui
» pose l'appareil à sa blessure. »

Il existait donc des médecins et des appareils de pansement, mais nous ne l'apprenons que par une citation peu explicite qu'aucun texte précis ne vient confirmer.

De même, nous lisons dans la *Pharsale*, le poème épique de Lucain, qu'au cours de la célèbre bataille qui vit la défaite de Pompée :

« César presse, anime ses soldats, se multiplie, leur
» indique la région du corps où il faut frapper.
» Pendant l'action, il examine les cadavres épars dans
» cette vaste plaine et *ferme lui-même les plaies* de ceux
» des siens qui respirent encore et qui perdent leur sang. »

> *Vulnora multorum totum fusura cruorem*
> *Opposita premit ipse manu* (4).

---

(1) ADRIEN HOCK, *Études sur quelques campagnes de J. César dans la Gaule-Belgique.*

(2) TITE-LIVE, liv. XXIII, chap. XLVI.

(3) CICÉRON, *Tusculanes*, II, 16.

(4) Dʳ EDMOND DUPOUY, *op. cit*, p. 166.

Ainsi que nous l'avons dit plus haut, l'histoire militaire de Rome se subdivise en deux périodes : les Milices nationales et les Armées permanentes. Nous venons d'étudier, au point de vue du service de santé, la première période.

Nous pouvons en conclure que les pouvoirs publics n'avaient envisagé qu'avec la plus grande indifférence la question d'humanité envers les blessés.

Il est évident, dit le Dr Briau (1), que le peuple qui fait périr pour son plaisir des milliers de créatures humaines dans d'atroces spectacles, ne peut avoir le sentiment de la vraie philanthropie bien développé.

Sous les Rois et sous la République l'organisation sanitaire des armées fut donc presque lettre morte.

Si, vers la fin de cette période, nous voyons se manifester un léger progrès, il ne faut l'attribuer qu'à des causes extérieures, parmi lesquelles nous citerons la présence à Rome d'un grand nombre de médecins et de chirurgiens et l'influence exercée par la Grèce qui avait été conquise par les Romains.

Avec l'institution des armées permanentes les choses vont changer de face.

C'est ce que nous examinerons au chapitre suivant.

____

(1) Dr René Briau, *l'Assistance médicale chez les Romains*, p. 4.

CHAPITRE VII

Les Romains.

Les armées permanentes constituent une des bases de l'empire. — Sollicitude des empereurs envers les soldats. — Nécessité de l'institution d'un service sanitaire des armées. — Découvertes épigraphiques. — Monuments funéraires. — Tablettes votives. — Pierres tumulaires. — Inscriptions relatives à la flotte romaine. — *Médicus cohortis.* — Grades *d'ordinarius* et de *clinicus.* — La hiérarchie dans le service de santé. — *Médicus légionis.* — Valeur scientifique des médecins. — Squelette d'Alexandrie. — Possibilité d'étudier l'anatomie d'après les blessures. — Rôles des auxiliaires et des valets d'armées. — Transport des blessés. — Voitures d'ambulances. — Les Psylles ambulanciers. — Solidarité des soldats romains. — Ordonnance d'Aurélien. — Approvisionnement d'objets de secours et de pansements. — Camps. — *Valetudinarium.* — Répartition des blessés dans les camps ou chez l'habitant. — Intendants militaires. — Préfet de camp. — *Veterinarium.* — Considérations sur l'organisation sanitaire dans les armées romaines.

Dès les premiers siècles de l'empire (au commencement donc de l'ère chrétienne), les armées romaines devinrent permanentes, c'est-à-dire que, la paix faite, les troupes ne furent plus renvoyées dans leurs foyers, mais maintenues sous les drapeaux.

Après les guerres civiles qui suivirent le meurtre de Jules César, son neveu et son vengeur Octave prit le titre d'Empereur et, sous le nom d'Auguste, reconstitua d'une manière définitive la royauté à son profit.

Son premier soin fut de décréter le maintien sous les armes de plus de 400,000 hommes qui formèrent 30 légions.

Dans ce nombre n'étaient pas compris de nombreux corps auxiliaires.

Il forma aussi cette fameuse Garde Prétorienne qui remplaça l'ancienne garde d'état-major des camps.

L'empire avait été établi par la force des armes, il était naturel que les armées qui formaient la base du régime monarchique fussent l'objet de la sollicitude toute spéciale des empereurs.

D'ailleurs, le peuple romain, qui était à cette époque dans toute sa splendeur, qui excellait dans toutes les branches des sciences et des arts, ne pouvait se désintéresser de l'hygiène et de la médecine du soldat. En l'absence de sentiments de charité, d'humanité ou de philanthropie, l'intérêt devait lui guider son devoir.

L'extension de ses conquêtes et la nécessité sans cesse croissante d'assurer par tous les moyens possibles le succès de ses armées, lui en faisaient une obligation essentielle et primordiale.

Nous allons voir l'organisation médicale des armées prendre un rapide et brillant essor.

Des preuves indiscutables témoignent surabondamment, non seulement de l'existence de chirurgiens d'armées, mais de l'organisation hiérarchique du corps médiccal.

Les auteurs du temps ne nous ayant donné que très peu de détails, c'est à la science de l'épigraphie que nous sommes redevables des découvertes assez récentes qui sont venues éclairer d'un jour nouveau l'étude des institutions romaines (1).

Dans la plupart des pays dont s'est composé le vaste empire romain, on a découvert des monuments funéraires,

---

(1) Voir pour ce qui suit J.-G. SIMPSON (traduit de l'anglais par BUTTURA), *Des médecins attachés aux armées romaines*, GAZETTE MÉDICALE DE PARIS, 1857, et Dr R. BRIAU, *Du service de santé militaire chez les Romains*, 1866.

tablettes votives, pierres tumulaires, élevés à la mémoire de médecins d'armées.

Le grand ouvrage de Grüter, sur les inscriptions romaines, est très intéressant à consulter. Il donne le texte d'un grand nombre d'inscriptions dont nous reproduisons quelques-unes. Il décrit aussi quelques monuments.

L'un de ces monuments appelle l'attention particulièrement à cause de sa date.

Il fut élevé dans le commencement du règne de Domitien et dans l'année du consulat de Flavius Sabinus, c'est-à-dire la 83ᵉ de l'ère chrétienne.

Il nous donne donc la preuve qu'avant la fin du 1ᵉʳ siècle, des officiers de santé se trouvaient à la suite des armées romaines.

L'inscription elle-même est placée sur un autel ou table votive, dédiée par Sextus Titius Alexander, médecin de la cinquième cohorte prétorienne, à Esculape et au salut de ses compagnons d'armes.

Un autre autel, découvert à Rome et dédié dans les mêmes termes à Esculape, est décrit par Grüter (1). Il est dédié par Sextus Titius, officier de santé de la sixième cohorte prétorienne, qui l'élève pour la santé des soldats de la cohorte, ses camarades, en accomplissement d'un vœu qu'il avait fait.

Nous transcrivons ci-dessous l'inscription entière :

Asclepio et. saluti

Commilitionum coh. vi. pr.

voto. suscepto

sex. Titius medic. coh.

vi. pr.

D.   *D.*

Une pierre tumulaire fut découverte en Angleterre, à

---

(1) Grüter, *Inscriptiones Romanæ*, p. 68.

Housesteads, en Northumberland, sur l'emplacement de l'ancienne Borcovicus, qui formait une des principales stations de la grande muraille défensive, élevée par l'empereur Adrien dans le courant du IIe siècle, de la Tyne à la Solway.

On a trouvé dans cette localité beaucoup d'antiquités romaines, notamment une pierre monumentale mise à jour en 1827.

Cette pierre fut, suivant l'inscription qu'elle porte, élevée par la première cohorte Tungrienne à la mémoire de son *medicus ordinarius*.

Cette pierre sépulcrale si intéressante est conservée au musée de Newcastle.

L'inscription gravée est la suivante :

D	*m*	*D[iis.]*	*m[anibus]*	
anicio		*anicio*		
ingenuo		*ingenuo*		
medico		*medico*		
ord	*coh*	*ord[inario]*	*coh[ortis]*	
i	*Tungr*	*[primæ]*	*tung[orum]*	
vix	*an XXV*	*vix[it]*	*an[nio]*	*XXV*

Ce que Bruce, dans son ouvrage *la Muraille romaine* (1), a ainsi traduit : « Consacré aux dieux mânes, à Anicius » Ingenuus, médecin ordinaire de la première cohorte des » Tungriens. Il vécut vingt-cinq ans. »

La riche sculpture de cette pierre funéraire témoigne de l'estime et du respect que le jeune médecin inspirait à sa cohorte.

Le travail de la ciselure est plus achevé que celui de beaucoup d'autels élevés par cette cohorte et par d'autres en l'honneur des dieux.

Quelques attributs spéciaux relevés dans l'ornementation

---

(1) BRUCE, *la Muraille romaine.* Description historique de la barrière de l'isthme inférieur s'étendant de la Tyne à la Solway, p. 238.

de cette pierre ont fait supposer à quelques commentateurs que le jeune *medicus ordinarius* devait être de naissance ou d'origine ibérique.

Nous citerons encore la pierre funéraire qui se trouve actuellement au musée de Dresde et dont l'inscription a trait au service médical de la flotte.

Il y a toute probabilité pour que, comme l'armée, la flotte

CHIRURGIENS ROMAINS SOIGNANT DES BLESSÉS (1).

romaine fût également dotée d'un service de santé, mais les diverses circonstances de la vie navale ne se prêtent pas, comme celles de la vie militaire, à l'édification et à la conservation de monuments. On s'explique ainsi le silence des inscriptions historiques relativement aux médecins de l'armée navale.

Dans son ouvrage sur les inscriptions latines découvertes

______

(1) D'après la colonne Trajane.

dans le royaume de Naples, Mommsen a donné une description complète de la pierre funéraire dont nous venons de parler (1) et qui fut découverte dans les « Champs Elysées » près de Baïa, dans le voisinage du fameux Pontus Julius et de la station de la flotte impériale mysénienne.

L'inscription dit que M. Satrius Longinus, *médecin du vaisseau* à trois rangs ou trirème *le Cupid*, et les affranchis, ou les héritiers des affranchis de Julia Veneria, sa femme, érigèrent cette tablette aux mânes de cette digne dame.

D.   *m*
Juliæ   *veneriæ*
m   *Satrius*   *Longin*
medic   *dupli*   *III*   *cupid*
et   *iulia*   *veneria*   *liber*
her.   *ben.*   *mer*
fecer

Satrius Longinus porte ici la dénomination de *medicus duplicarius.*

Le mot *duplicarius* signifie qu'en raison de la durée ou de l'excellence de ses services, il avait droit à une double paie et à des rémunérations.

La longue liste des autres pierres funéraires serait trop fastidieuse ; nous nous contenterons de dire qu'il nous a été permis, grâce aux inscriptions relevées, de déterminer plus ou moins exactement l'organisation du service de santé et de la hiérarchie qui y était établie.

Il semble que la cohorte, qui se composait habituellement de 500 à 600 hommes, devait être assistée d'au moins un médecin et le plus souvent de plusieurs, lesquels devaient être de rangs différents.

En effet, au terme consacré de *medicus cohortis* on ren-

____

(1) MOMMSEN, *Inscriptiones regni neapolitani Latinæ,* n° 2701.

contre dans beaucoup d'inscriptions, la dénomination d'*ordinarius* ou de *clinicus*.

Qu'il y eut ou non différents grades parmi les *medici cohortum* romains, nous sommes en droit de croire qu'il existait dans l'armée romaine des fonctionnaires médicaux d'un rang plus élevé que celui-là, les *medici legionum*. La légion romaine se composait de dix cohortes.

Nous venons de voir que chacune des cohortes était pourvue d'un ou de plusieurs médecins.

Quelques inscriptions nous ont légué les noms de *medicus legionis*, qui avaient très probablement la direction générale du service de santé de toute la légion, avec supériorité hiérarchique sur les *medicus cohortis*.

Voici l'inscription d'une tombe élevée par Scribonia Faustina aux mânes de son très cher époux, L. Cœlius Arbianus, *médecin de la 2ᵉ légion italienne*, qui mourut à l'âge de quarante-neuf ans et sept mois :

D   *m*

L   *Cœli*   *Arriani*

medico.   *Legionis*

II   *Italie*   *qui.*   *vix.*   *ann.*

XXXX VIIII.   *mensis*   *VII*

Scribonnia   *Faustina*

Coingi   *Karissimo* (1).

Une inscription découverte à Gebistorf, près de Windisch, en Suisse, nous a transmis le nom de Titus Claudius Hymnus, médecin de la 21ᵉ légion.

Une autre inscription, relevée à Salon, nous apprend que M. Besius Tertullus était médecin de la 11ᵉ légion.

De plus, pour ne nous laisser aucun doute sur l'existence des médecins de légions, nous n'avons qu'à parcourir le

---

(1) Grüter, *Inscriptiones Romanæ*, p. 633.

Corpus juris civilis, de Justinien, lequel fut publié au
vi⁰ siècle. Nous y trouvons (1) une série de lois *de professo-
ribus et medicis*.

La première de ces lois exempte le médecin d'une légion
(*medicum legionis*) des devoirs civils, quand il est absent
pour le service public.

L'institution de médecins d'armées et leur organisation
hiérarchique ne sauraient donc être mises en doute.

Une citation que nous trouvons dans les ouvrages de

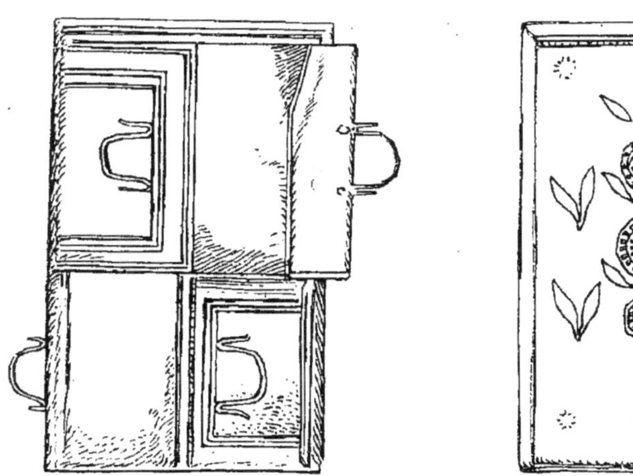

TROUSSE DE CHIRURGIEN ROMAIN.

Galien (2), relativement aux chirurgiens militaires, nous
édifie sur leur valeur scientifique.

Dans une argumentation sur l'obligation qu'il y a de connaître l'anatomie humaine pour traiter convenablement les
blessures, le célèbre médecin recommande d'étudier l'anatomie du singe.

A ce propos, il prend à partie les médecins qui auraient
accompagné l'armée dans une guerre contre les Germains.

---

(1) Liv. X, tit. 52.

(2) GALIEN, *De Compositione medicamentorum per Genera*, liv. III, chap. ii.

« Faute de connaissances et d'études préliminaires, dit-il,
» ceux qui avaient eu la précieuse occasion de
» disséquer les corps des Barbares, n'apprirent
» rien de plus que ne savent les cuisiniers. »

Galien conseillait aussi à ceux qui désiraient
s'instruire sur l'ostéologie humaine,
de faire le voyage d'Alexandrie, parce
que, dans cette ville, qui est un centre
scientifique très éclairé, on conservait
deux squelettes humains.

Rappelons, à propos de l'importance
qu'attachait Galien au fait d'expéri-
menter sur des corps et des squelettes
humains, qu'il y avait interdiction absolue de
disséquer les cadavres.

Cette interdiction a persisté pendant de longs
siècles, au grand détriment de la science.

Disons encore à ce sujet que Celse (1) estime
qu'il est possible, en examinant les blessures
des soldats, d'étudier l'anatomie interne de
l'homme.

Nos investigations nous ont conduit à rechercher si les médecins romains n'étaient point
secondés par des auxiliaires chargés de relever
et de transporter les blessés, ce que nous appellerions de nos jours des « brancardiers-ambu-
lanciers ».

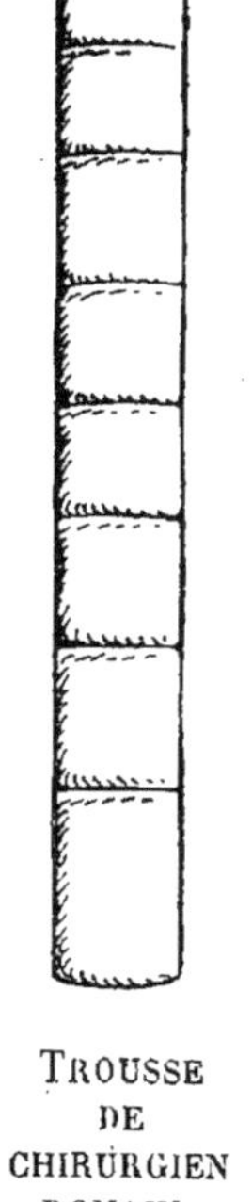

TROUSSE
DE
CHIRURGIEN
ROMAIN.

Nous avons vu au chapitre précédent que les soldats
blessés étaient hospitalisés chez l'habitant. Les soldats
romains semblent d'ailleurs s'être adjoint de bonne heure
des valets d'armées, esclaves qui prenaient soin de leurs
vêtements et de leurs armes, et il est hors de doute que ces

____

(1) CELSE, *De Medicina*, liv. Ier, p. 8.

serviteurs prodiguaient des secours à leurs maîtres s'ils étaient blessés.

Ces auxiliaires, auxquels il était formellement défendu de prendre part à l'action, à moins d'ordres exprès du général (1), relevaient et transportaient même pendant le combat les blessés, soit jusqu'au camp, soit en arrière des lignes, si l'éloignement ou les circonstances le commandaient (2).

Quelques auteurs font mention du transport des blessés en différentes circonstances. Par exemple lorsque, après la guerre des Volsques, Tempanius revient à la tête de ses troupes victorieuses (3), ou lorsque Labiénus, après la bataille de Ruspina, fit transporter à Adrumentum, ses blessés suspendus dans des chariots.

Parfois les habitants des pays traversés par les armées s'employaient à venir en aide aux victimes.

Nous avons découvert à ce sujet un fait saillant cité par Lucain, dans son poème *la Pharsale*.

Une tribu de la Libye, les Psylles, s'inoculaient le venin de l'aspic pour se rendre invulnérable aux morsures des serpents. Lorsqu'après la bataille de Pharsale, l'armée de Caton porte la guerre en Égypte, les Psylles accompagnent l'armée et la protègent contre les reptiles.

Dès qu'un soldat est piqué, le Psylle lui porte secours, lave la plaie avec sa salive, prononce des paroles magiques et « penché sur le blessé, suce la plaie livide, aspire le » venin et crache la mort ».

> *Tunc superincumbens pallentia vulnera lambit,*
> *Ore venena trahens, et siccat dentibus artus,*
> *Extractamque tenens gelido de corpore mortem*
> *Exspuit* (4).

---

(1) Tite-Live, liv. XXIII, chap. xliv.
(2) Polybe, liv. XV, chap. xiv.
(3) Tite-Live, liv. IV, chap. xxxix.
(4) Dr Edmond Dupouy, *op. cit.*, p. 169.

Les Romains passaient partout en conquérants, ce qui disposait fort mal les habitants en leur faveur.

Mais le fait même qui obligeait, dans la plupart des cas, les soldats romains à se suffire à eux-mêmes avait déterminé entre eux une solidarité profonde.

Les lois leur en faisaient d'ailleurs une obligation. Dans les ordonnances de l'empereur Aurélien, rapportées par Flavius Vospicus, chapitre VI, relatives à l'inspection médicale et à la discipline de l'armée, après l'énumération des multiples règles — très sévères — que devaient observer les soldats, nous trouvons cette exhortation :

« Que chaque soldat aide et serve son camarade, qu'ils » soient guéris gratuitement par les médecins (*a medicis* » *gratis curentur*), qu'ils ne paient pas les devins, qu'ils se » conduisent paisiblement dans leur hospice (*hospitia*) et » que celui qui ferait naître des querelles soit fouetté. »

Aurélien devint empereur en **270**.

Le gouvernement qui comprenait et qui réglementait si bien les devoirs des soldats les uns envers les autres avait dû nécessairement comprendre ses devoirs envers les armées.

Aussi peut-on déduire de ce qui précède que les corps de troupes devaient transporter à leur suite des approvisionnements d'objets de pansement et des médicaments.

Nous en avons la preuve dans un récit de Tacite (1).

Au cours d'une expédition commandée par Germanicus contre Arminius, l'armée romaine dut abandonner son matériel de retranchement, les tentes et les *remèdes et appareils pour les blessés.*

Tite-Live nous apprend (2) que les blessés étaient pansés à l'aide des objets nécessaires, toujours compris dans les bagages de l'armée.

---

(1) TACITE, liv. Ier, chap. LXV.
(2) TITE-LIVE, liv. XI, chap. III.

Agrippine, femme d'un général romain (qu'il ne faut pas confondre avec la mère de Néron), distribue gratuitement des habits et des objets de pansement aux blessés.

Les chefs d'armée et même les empereurs font preuve souvent d'une grande sollicitude envers les victimes.

Pline le Jeune nous apprend que Trajan se rendait souvent auprès des blessés et des malades. Nous savons également qu'Adrien, Alexandre Sévère, d'autres encore, agissaient de même.

Quant à l'organisation si complète et si bien comprise des camps, malgré le degré de perfection que le génie militaire des Romains lui avait fait atteindre, ce n'est qu'assez tard qu'on y voit figurer des *valetudinarium*, c'est-à-dire un lieu spécial affecté aux blessés.

Les Romains doivent la constance de leurs succès à la méthode dont ils ne se sont jamais départis de s'établir tous les soirs dans un camp fortifié, de ne jamais donner bataille sans avoir derrière eux un lieu retranché, qui pût leur servir de retraite et qui, pendant le combat, renfermait leurs magasins, leurs bagages, leur *impedimenta*, leurs armes de rechange, leurs blessés et leurs malades (1).

Hyginus Gromaticus, écrivain du IIe siècle, qui vécut sous Trajan et sous Adrien, nous a laissé dans son livre *De Cas- trametation* des indications précieuses concernant les mesures et les proportions des multiples parties d'un camp romain.

Il décrit la position qui convient le mieux pour l'établissement de l'hôpital ou le *valetudinarium*.

Nous pouvons, grâce à Hyginus, établir la date probable de l'institution des hôpitaux dans les camps, puisque dans la description d'un camp romain, que nous trouvons dans Polybe, il n'en est fait aucune mention. Et lorsque, au Ier siècle, Germanicus visite et encourage ses soldats

---

(1) B. Renard, *Notes sur l'histoire militaire de l'antiquité,* p. 161.

blessés, Tacite, qui nous rapporte le fait (1), nous laisse supposer que les blessés qui se trouvaient dans le camp étaient couchés sous leur propre tente.

L'institution de *valetudinarium* remonte donc à la fin du Ier ou au commencement du IIe siècle de notre ère. Blessés et malades étaient, s'il s'agissait d'affections peu graves ou de blessures légères, réunis dans des camps de marche (2). On les réunissait dans un seul camp, si le nombre de légions dont se composait l'armée, en comportait plusieurs.

Les hommes blessés grièvement ou gravement malades étaient, sans plus tarder, évacués sur la ville la plus voisine (3) où ils étaient répartis entre les habitants notables, ceux-ci étaient indemnisés par l'État pour leurs soins et, le cas échéant, pour les frais de sépulture des soldats qui venaient à succomber.

Tacite (4) rend hommage à la sollicitude et à la générosité des Romains envers les victimes qu'on leur confiait.

Dès que les soldats étaient rétablis et en état de reprendre leur service, ils étaient, soit isolément, soit en détachements, dirigés vers l'armée (5).

Les médecins et chirurgiens étaient aidés dans les *valetudinaria* des camps par des esclaves infirmiers.

Tout ce qui avait rapport au service d'intendance, transports de médicaments, organisation des secours et contrôle des objets de pansement, était dirigé et surveillé par des fonctionnaires spéciaux nommés *optio valetudinarii*.

Végèce, dans son ouvrage *De Re Militari*, fait une allusion (6) aux dépenses que nécessitent les soins à donner aux

---

(1) Tacite, liv. Ier, chap. LXXI.
(2) Tite-Live, liv. XLI, chap. IV.
(3) Polybe, liv. III, chap. LXVI. Tite-Live, liv. XL, chap. XXXIII.
(4) Tacite, liv. IV, chap. LXIII.
(5) Tite-Live. liv. XIII, chap. XI.
(6) Végèce, *De Re Militari*, liv. III, chap. II.

malades et aux blessés dans les camps, et le même auteur, lorsqu'il énumère (1) les devoirs du préfet du camp, nous apprend que l'autorité de ce fonctionnaire s'étend non seulement aux soldats, mais encore aux malades et aux blessés ainsi qu'aux médecins et autres gens chargés de prodiguer des soins.

Le préfet du camp avait en outre la réglementation des dépenses relatives au service de santé.

Nous ajouterons que les Romains avaient depuis fort longtemps institué dans leurs camps des *veterinarium*, c'est-à-dire des refuges pour les animaux malades.

*
* *

Nous pouvons conclure, après avoir envisagé sous ses multiples faces la question qui nous occupe que, si les Romains ont tardé (comme nous l'avons vu au chap. VI) pendant quelques siècles à prodiguer aux combattants blessés les bienfaits de la science, ils ont poussé, par la suite, l'organisation du service de santé à un degré élevé de perfection.

Ils avaient compris combien l'assurance de ne pas rester sans secours en cas de blessure était un stimulant puissant pour le soldat. Celui-ci, certain d'être assisté, devait être plus hardi, plus téméraire et partant plus souvent victorieux.

L'organisation du service de santé en faisant naître des sentiments d'humanité, devait provoquer une solidarité plus grande. En un mot, le service de santé militaire des armées, complète dignement cette brillante organisation romaine qui est encore pour les peuples modernes un sujet d'étonnement et d'admiration (2).

---

(1) Végèce, *De Re Militari*, liv. II, chap. X.

(2) De très curieuses études ont été faites sur les instruments de chirurgie employés par les praticiens antiques.

Nous citerons tout particulièrement :

Deneffe, *Étude sur la trousse d'un chirurgien gallo-romain*, Anvers, 1893.

Hamonic, *la Chirurgie et la médecine d'autrefois*, Paris, 1900.

DEUXIÈME PARTIE

LE MOYEN AGE

CHAPITRE Ier

Les Barbares, les Francs et la Féodalité.

Avènement du moyen âge.— Invasion des Barbares. — Destruction complète de l'organisation médicale des armées. — Rôle des femmes. — Transport des blessés dans les chariots. — Anecdote de Tite-Live. — Les druides et le monopole de l'art de guérir. — Le dieu Odin. — Les Francs. — Le concile de Ratisbonne. — Aumôniers des armées. — Charlemagne. — Louis le Germanique et Charles le Chauve. — L'Hôtel-Dieu. — La féodalité. — Organisation militaire. — La chevalerie. — Institution du régime salarié. — Sort misérable des blessés. — Ordonnance de Louis le Gros. — Byzance et les « despotats ».

La chute de l'empire romain marque la fin de l'antiquité et l'avènement du moyen âge.

Les hordes guerrières qui venaient de monter à l'assaut de la civilisation latine et qui allaient la détruire sous leurs coups répétés, présentaient l'image de la force brutale et sauvage triomphant de la tactique savante.

Nous avons examiné dans la première partie de cet ouvrage le degré de perfection qu'avait atteint l'administration des armées de Rome.

Les invasions des Barbares qui vinrent bouleverser le monde romain et provoquer la désagrégation du puissant empire, donnèrent un coup mortel à ces institutions à peine créées.

La chirurgie et la médecine militaire organisées officiellement disparaissent à nouveau pour longtemps, et de nombreux siècles doivent s'écouler avant que les idées humanitaires et l'intérêt bien entendu des nations viennent reprendre et reconstituer l'œuvre des anciens.

Nul souci d'organisation chez les farouches guerriers germains ou gaulois.

Tout un peuple, parfois même toute une race, marchait, exterminant tout sur son passage, s'emparant du butin comme d'une proie longtemps convoitée et s'établissant dans les vastes territoires conquis.

La nation tout entière prenait part à cet exode ; femmes et enfants suivaient pères et maris.

Aussi voyons-nous les femmes vaquant aux soins du ménage pendant les haltes, et pendant les combats, excitant les guerriers, se jetant au fort de la mêlée, relevant leur époux s'il était blessé, prodiguant leurs soins, remplissant enfin une véritable mission d'infirmière.

En 488-489, Théodoric et les Ostrogoths envahissent l'Italie, accompagnés de leurs femmes, logées sur leurs chariots, où elles vaquent aux soins domestiques. La présence de ces *impedimenta*, dit M. F. Lecomte (1), leur était, comme chez tous les peuples barbares, doublement utile, car les femmes les excitaient, les aidaient durant le combat et les chariots formaient un accessoire défensif.

Les blessés étaient donc transportés à la suite de l'armée, dans les chariots qui suivaient toujours les envahisseurs.

Le mépris de la mort est absolu chez les farouches guerriers germains et gaulois, qui mettaient leur orgueil à montrer de glorieuses cicatrices, preuves de leur vaillance.

---

(1) F. Lecomte, *Études d'histoire militaire*, t. Ier, p. 210.

Tite-Live (1) rapporte à ce propos un fait bien caractéristique.

Les Romains avaient institué dans leurs armées des troupes de frondeurs. La fronde était une arme terrible, car les balles de pierre ou de plomb qu'elle lançait pénétraient parfois jusque dans les os.

Lorsque les Gaulois étaient mis hors de combat par une de ces plaies qui, à leur avis, étaient de si mesquine importance, on voyait ces géants barbus et moustachus, se coucher sur le ventre en mordant la poussière de honte et de désespoir.

Tout au contraire, si une large blessure faisait couler abondamment leur sang, exposant à tous les yeux des preuves indiscutables de leur vaillance, ils n'en ressentaient que plus d'ardeur, plus de fierté et plus de courage.

Il est superflu de dire combien les moyens thérapeutiques étaient primitifs chez les Barbares. Chez certains d'entre eux, leurs prêtres, les druides, gardaient jalousement le monopole de l'art de guérir qui, d'ailleurs, se réduisait à de très grossières pratiques, dont la base était la magie.

Les druides sont médecins, parce qu'étant prêtres et devins, on leur attribue le pouvoir de guérir au moyen d'incantations ; ils pratiquent ainsi une médecine à laquelle le culte des dieux et la magie sont clairement associés.

Dans les plus anciens cycles héroïques de l'Irlande, les druides de cette île ont la même réputation médicale que ceux du continent ; lorsque les rois, les guerriers sont blessés ou victimes d'enchantements, c'est aux druides que l'on s'adresse (2).

Dans les pays scandinaves, la tradition voulait qu'Odin, le dieu guerrier, avait été le chirurgien de ses armées.

---

(1) Tite-Live, *Mœurs des Gaulois, passim*.
(2) L. L'Allemand, *Histoire de la charité*, t. Ier, p. 177.

La fondation du royaume des Francs, ce peuple si essentiellement guerrier, ne vient même pas contribuer au relèvement du service sanitaire.

La race franque semble être la quintessence de toutes les hordes qui peuplaient la Germanie et que le besoin d'expansion faisait se jeter sur le monde latin.

Cette race se caractérisait par une valeur indomptable et une impétueuse fureur mise au service d'une constance opiniâtre et farouche, dont l'honneur formait la base.

La loi salique nous apprend que l'abandon du bouclier constituait un délit infamant. Aussi était-il fort rare de voir un Franc prisonnier de guerre.

Sous les Mérovingiens et même sous les Carolingiens, on ne trouve nulle trace d'une organisation sanitaire officielle. Nous pourrions cependant citer, sous Childéric III, le premier concile de Ratisbonne (742), qui règle les attributions des aumôniers des armées, lesquels devaient principalement s'occuper de leur mission spirituelle.

Comme ils se trouvaient à proximité du lieu du combat, il est possible qu'ils relevaient et soignaient les blessés.

Charlemagne ni ses successeurs ne paraissent s'être occupés de la situation des victimes de la guerre (1). Son règne marque cependant l'apogée de la puissance franque.

Après un aperçu des moyens de ravitaillement, M. Gauldrée-Boilleau dit que les autres détails administratifs comportent très peu de développement (2).

Les contingents étaient tenus de se faire suivre, d'après une proportion déterminée, de serfs propres à tous les tra-

---

(1) Il ne faut pas se laisser éblouir par la gloire de Charlemagne ; il introduisit peu de réformes dans l'armée, il innova peu... Ses succès sont dus surtout à son génie. — ED. BOUTARIC, *Institutions militaires de la France avant les armées permanentes*, p. 91.

(2) A. GAULDRÉE-BOILLEAU, *l'Administration militaire dans les temps modernes*, p. 65.

vaux ; ces serfs prenaient soin des chevaux, des troupeaux ;
portaient les fardeaux, conduisaient les chariots et rendaient
à leurs maîtres tous les services, notamment ceux que des
blessures ou des maladies pouvaient exiger.

Combien primitifs et inefficaces devaient être les secours
prodigués de cette façon. Aussi pouvons-nous dire avec
M. Gauldrée-Boilleau que le récit de la bataille de Fontanet
(20 juin 847) laisse de bien pénibles incertitudes pour l'humanité !

Louis le Germanique et Charles le Chauve, après la sanglante victoire qu'ils remportèrent sur leur frère Lothaire
(où près de cent mille hommes restèrent sur le champ de
bataille), « passèrent le dimanche en cet endroit. Ce jour-là,
» après la célébration de la messe, ils enterrèrent également
» amis et ennemis, fidèles et infidèles, et donnèrent les
» secours qui *étaient en leur pouvoir* aux blessés et aux
» guerriers à demi-morts (1) ».

En terminant cet aperçu sur la période franque, il convient de signaler la création, à Paris, d'un hôpital célèbre,
l'Hôtel-Dieu. Il fut établi en 665 dans l'ancien palais du
gouverneur de Paris, sous Clotaire III, Ercembalus.

Cet établissement charitable, le premier de son genre,
croyons-nous, servit d'asile, outre aux malades indigents,
principalement aux soldats qui revenaient blessés de la guerre.

Il est vrai que dans les camps, les soldats blessés continuèrent d'être abandonnés à l'amitié de leurs camarades, et
le zèle ne suppléant point à la science, les blessures les plus
légères devinrent mortelles, les maladies devinrent contagieuses et moissonnèrent les armées et les peuples (2).

Les sciences cependant, sous l'impulsion de Charlemagne,

---

(1) Nithard, *Histoire des dissentiments des fils de Louis le Débonnaire*,
liv. III (collect. Guizot), t. III, p. 469.

(2) Xavier Audouin, *Histoire de l'administration de la guerre*, t. Ier, p. 426.

commençaient à renaître et une organisation politique nouvelle se formait lentement.

La féodalité et son idéal militaire, la chevalerie, allait sortir du chaos provoqué par l'épouvantable confusion dans laquelle s'étaient entrechoqués pendant des siècles, les

Après la bataille d'Hastings (14 octobre 1066), les familles de l'armée vaincue viennent enlever leurs morts, d'après Lacroix, *Vie militaire.*

Cliché Firmin Didot et Cie. à Paris.

débris d'une antique civilisation, les mœurs primitives et sauvages des hordes farouches de conquérants.

Une organisation militaire toute spéciale devait être le résultat de ce nouvel état de choses.

Pour en comprendre les défauts, principalement au point de vue médico-chirurgical, une description succincte est nécessaire.

A l'appel du suzerain, le vassal était tenu de lui prêter aide pendant la guerre.

Ce service n'était dû que pendant une certaine période et on voyait, le temps écoulé, les vassaux retourner dans leurs domaines. Un pareil système ne permettait que des opérations militaires de très courte durée et même de simples coups de main.

Chacun avait à se prémunir contre les dangers des coups qui, avouons-le, tombaient dru à cette époque troublée.

Aussi, en règle générale, tout personnage de quelque importance avait à sa suite un écuyer ou un servant plus ou moins versé dans l'art de panser les plaies et les bosses qui se donnaient alors avec une désinvolture rare et une conviction peu commune.

Plus tard cependant, les rois, pour entreprendre des opérations militaires de longue durée, indemnisèrent leurs vassaux pour les retenir sous les armes. Ce fut l'origine du régime salarié.

Philippe-Auguste instaura ce système lorsqu'il entreprit la conquête de la Normandie.

Chaque chevalier ou capitaine recevait du roi une somme fixée par tête et pourvoyait ensuite à toutes les dépenses d'équipement et d'entretien de ses hommes.

Une armée se composait donc de multiples bandes ou compagnies s'administrant elles-mêmes.

L'organisation d'un service médical était, par conséquent, subordonné à la prévoyance ou à la sollicitude de chaque chef de bande.

Les grands seigneurs attachaient à leur personne des chirurgiens qui les accompagnaient en campagne.

Par humanité, par dévouement ou simplement par esprit de lucre, ces chirurgiens consentaient parfois à soigner les autres blessés, mais c'était de bonne volonté beaucoup plus que par obligation.

Aussi généralement les malades et les blessés étaient-ils abandonnés sur les champs de bataille ou le long des routes.

Ils se traînaient jusqu'à la ville ou au village voisin ou bien périssaient misérablement dans un affreux abandon.

Les couvents et les très rares hospices devaient être bientôt encombrés ; quant aux villages, les brigandages des gens de guerre devaient fort mal disposer les habitants à l'égard des soldats ; la plupart du temps, tout fuyait devant ces bandes dévastatrices qui semaient la terreur autour d'elles.

On ne peut songer sans frémir, combien la fatigue, le dénuement et la misère multipliaient les victimes à cette époque de guerres incessantes.

Un tel oubli des règles les plus élémentaires de l'humanité ne peut s'expliquer que par l'indifférence des grands envers les gens de basse condition.

Les « vilains », les « serfs », étaient si peu de chose aux yeux des seigneurs, que ceux-ci ne pouvaient avoir l'idée de soulager les maux de ceux-là.

On assurait la subsistance des hommes valides, parce qu'ils comptaient comme unités combattantes, mais dès qu'ils étaient blessés ou malades, ils devenaient des non-valeurs, qu'on abandonnait sans pitié.

Bien rarement l'histoire vient contredire cette affirmation.

Suger, dans sa *Vie de Louis le Gros*, nous apprend que celui-ci, « entre autres dispositions administratives, arrêta » que partout où l'armée en viendrait aux mains avec les » Allemands, des chariots chargés d'eau, de vin, pour les » hommes blessés ou épuisés de fatigue, seraient placés en » cercle, comme une espèce de forteresse, autant que le » terrain le permettrait ; que ceux que des blessures ou la » lassitude forceraient à quitter le champ de bataille, iraient » là aussi se rafraîchir, resserrer les bandages de leurs » plaies ou reprendre des forces, pour venir de nouveau » disputer le palme de la victoire (1) ».

____

(1) Suger, *Vie de Louis le Gros* (collect. Guizot), t. VIII, p. 127.

Nous citerons encore une organisation absolument remarquable pour l'époque, lorsqu'on l'envisage au point de vue synchronique.

A Byzance, la capitale de cet empire romain d'Orient, — dernier vestige de la splendeur romaine, — vers la fin du ixe siècle, Léon VI, l'un des empereurs qui eut le plus de souci de la condition matérielle de ses armées, recommande expressément d'avoir des hommes secourables, appelés *despotats* (1), dont le devoir était d'emmener les blessés.

On leur donnait une rétribution pour chaque guerrier qu'ils avaient sauvé. Il leur était enjoint d'avoir toujours sur eux un vase rempli d'eau, afin d'apaiser la soif et de remédier aux défaillances.

Ils n'étaient pas armés et marchaient à cent pas derrière leur cohorte respective, car généralement on choisissait huit à dix hommes parmi les soldats les plus agiles et quelquefois aussi parmi les hommes qui paraissaient moins propres au service militaire.

Cette belle institution ne fut que bien éphémère, car l'emploi du *despotat* ne paraît pas s'être soutenu après le règne de celui qui avait eu la belle pensée de l'instituer.

Le *despotat* constitue donc la première trace historique de l'institution officielle des ambulanciers au moyen âge.

---

(1) Henri Dunant, *la Charité internationale sur les champs de bataille*, p. 94.

CHAPITRE II

Les Croisades et les Arabes.

Les croisades contribuent à la création d'hôpitaux et d'infirmiers militaires. — Manque d'organisation des armées croisées. — Avant-garde de Gauthier-sans-Avoir. — Deux médecins accompagnent l'armée de la commune de Ferrare. — Honoraires du chirurgien Hughes de Lucques. — Pitard, chirurgien de Saint Louis. — Joinville attribue au manque d'organisation sanitaire, l'échec de l'armée. — Saint Louis soigné par des médecins arabes. — Origines et organisation des institutions charitables de la Palestine. — Les Hospitaliers de Saint-Jean de Jérusalem. — Commanderies de l'Hôpital. — Templiers et Chevaliers de l'Ordre Teutonique. — Les Hospitaliers de Frédéric Barberousse. — Dons de Louis VII en faveur des malades. — Concentration des blessés. — Considérations sur la science des Arabes. — Avicenne et Albucasis. — Anecdote sur Louis XI. — Les Arabes et la pharmacopée. — Emploi d'anesthésiques. — Les Arabes avaient des médecins et des chirurgiens dans leurs armées. — Salah-Eddin, auteur d'un code précurseur de la Convention de Genève. — Hospitaliers de Saint-Jean autorisés à demeurer dans le camp ennemi. — Conséquences des croisades. — Création des Quinze-Vingts. — Fondation du Collège des chirurgiens de Paris.

Les croisades, ces vastes entreprises guerrières qui, pendant plusieurs siècles précipitèrent le monde chrétien vers l'Orient, devaient concourir à la création si pas d'ambulances, tout au moins d'hôpitaux militaires et à la formation, si pas d'ambulanciers, tout au moins d'infirmiers militaires.

Dans cet ordre d'idées, l'étude des croisades est particulièrement intéressante, car elle nous offre l'occasion d'établir le synchronisme de l'organisation sanitaire des armées et de l'état de l'avancement des sciences chirurgicales chez les Arabes et chez les Européens médiévaux.

Les croisades furent organisées alors que la féodalité

était à son apogée. Le manque complet d'organisation qui caractérisait les armées féodales devait affliger encore davantage les armées croisées.

En effet, les croisades et particulièrement les premières, sont l'image du plus épouvantable chaos que l'on puisse imaginer. Sous la poussée de l'enthousiasme religieux, des centaines de milliers d'hommes se précipitèrent vers la terre sainte sans le moindre souci d'organisation et avec la plus funeste imprévoyance. Sans attendre le signal des grands chefs qui voulaient, dans une certaine mesure, réglementer ces immenses cohues, des bandes impatientes de combattre et de délivrer les lieux saints se mettaient en marche, roulant leurs flots impétueux et désordonnés.

C'est ainsi que, lorsque après le Concile de Clermont, Godefroid de Bouillon et d'autres princes s'occupèrent de réunir les armées croisées, avant que les préparatifs de départ ne fussent terminés, une multitude impatiente se précipita en avant.

Pierre l'Ermite, dont l'enthousiasme avait provoqué la guerre sainte, se dirigea vers l'Allemagne à la tête de près de cent mille hommes. Le prédicateur de la croisade, devenu le chef de cette grande multitude de pèlerins, n'avait point songé aux désordres et aux malheurs que devaient amener l'ignorance grossière, l'imprévoyance et l'indiscipline (1).

L'avant-garde de l'armée de Pierre l'Ermite, conduite par Gauthier-sans-Avoir, ne comptait que huit cavaliers. Tout le reste allait à la conquête de l'Orient en demandant l'aumône. Quelle formidable hécatombe de malades et de blessés devait être le résultat de tant d'imprévoyance !

La première croisade coûta à l'Europe près d'un million d'hommes.

Dans les croisades qui suivirent, l'organisation fut moins

____

(1) Michaud, *Histoire des croisades, passim.*

négligée et l'expérience aidant, on assura davantage la subsistance et l'entretien des croisés.

Cependant bien rares étaient les groupes armés qui songeaient à s'adjoindre un chirurgien.

Comme nous l'avons vu au chapitre précédent, cet oubli était général chez les troupes féodales et les exceptions sont excessivement rares.

Malgaigne (1) cite le cas d'une ville de l'Italie, Ferrare, où, quand la commune ou le marquis d'Est mettaient en campagne un certain nombre de troupes, deux médecins devaient accompagner l'armée.

En 1214 Hugues de Lucques s'engagea à servir la commune de Bologne pour 600 livres une fois payées. Il était en même temps chirurgien des troupes bolonaises et contraint de les suivre partout où besoin serait et en vertu de cette obligation onéreuse, il lui fallut marcher en 1218 avec le contingent de Bologne à l'expédition de la terre sainte (6e croisade), d'où il ne revint qu'en 1221.

L'exemple de Bologne dut être bien peu suivi, car les historiens des croisades ne font que très rarement mention de chirurgiens ou de médecins chrétiens. Tout au plus savons-nous que Saint Louis s'était fait accompagner de son chirurgien Pitard. C'était, paraît-il, un homme très réputé et fort habile en son art. Il suivit Louis IX dans ses croisades, mais sa présence à l'armée devait être exceptionnelle. Quoi qu'il en soit, l'assistance médicale des croisés français devait être bien primitive, puisque Joinville (2) attribue aux maladies qui ravagèrent l'armée, privée de toutes ressources médicales et hospitalières, l'échec final de Saint Louis.

Quant à celui-ci, malgré la présence de Pitard, il fut

---

(1) MALGAIGNE, *Introduction aux œuvres d'Ambroise Paré*, p. XXVI.
(2) JOINVILLE, *Histoire de Saint Louis*, t. II, p. 222.

soigné par les médecins arabes, ses ennemis. Nous en parlerons plus loin.

Les maux de toutes sortes qui vinrent fondre pendant toute la durée des croisades sur les multitudes croisées provoquèrent l'éclosion de sentiments charitables envers les malades et les blessés.

Un ordre religieux, les Hospitaliers de Saint-Jean de Jérusalem, fut créé spécialement pour venir en aide aux croisés que les blessures ou la maladie venaient accabler.

L'origine des institutions charitables en Palestine est assez obscure.

D'aucuns attribuent à Charlemagne la création d'un hospice qui recevait les pèlerins se rendant à Jérusalem. Composé de douze maisons ou hôtelle-

CHEVALIER DE SAINT-JEAN, d'après LACROIX,
Vie militaire.
Cliché Firmin-Didot et Cie, à Paris.

ries, une bibliothèque y était ouverte comme dans les autres hospices fondés en Europe par Charlemagne.

A ce pieux établissement étaient attachés des champs, des vignes et un jardin situés dans la vallée de Josaphat (1).

D'autre part, nous savons que la première confrérie d'hospitaliers, nommée « Frères de l'hôpital », date du IXe siècle.

Un habitant de Sienne, nommé Sorror, l'institua.

---

(1) MICHAUD, *op. cit.*

Quelques années avant la première croisade le calife d'Égypte autorisa plusieurs marchands de la ville d'Amalfi à instituer à Jérusalem un hôpital, maison de secours pour eux et pour ceux de leur nation qui se rendaient en terre sainte.

Cet hôpital fut placé sous l'invocation de saint Jean.

Après la prise de Jérusalem, les services rendus par la maison de Saint-Jean aux croisés malades ou blessés furent fort appréciés et Godefroid de Bouillon l'encouragea et la soutint par des dons considérables.

Le directeur de l'hôpital, Pierre Gérard, originaire de l'île Martigue en Provence, frappé d'un zèle charitable et comprenant combien les maux de la guerre avaient besoin d'être atténués dans ces pays lointains, eut la pensée d'instituer un ordre monastique, non cloîtré et dont les membres, sous le nom de « Frères de l'hôpital », devaient se consacrer au soulagement des blessés et des malades.

La fondation date de 1104, sous le règne de Baudouin Ier, le second roi de Jérusalem.

Le pape Pascal II accorda divers privilèges aux Hospitaliers de Saint-Jean de Jérusalem, les prit sous sa haute protection et nomma Pierre Gérard grand maître de l'ordre.

Celui-ci rédigea les statuts.

La direction de l'hôpital était confiée à un chevalier appelé *commandeur de l'infirmerie*, pour la partie matérielle ; à une commission de quatre chevaliers, les *prud'hommes de l'infirmerie*, pour la partie économique, et à un prieur assisté d'un vice-prieur et de huit chapelains, pour tout ce qui concernait les consolations spirituelles à donner aux malades (1).

---

(1) Deleville Le Roux, *Cartulaire général des Hospitaliers de Saint-Jean de Jérusalem*.

L'uniforme se composait primitivement d'un habit noir avec une croix à huit pointes (1).

La nécessité d'assurer la protection de leurs institutions charitables obligea les Hospitaliers de Saint-Jean de s'armer et de concourir à la défense du royaume de Jérusalem. Une foule de chevaliers vinrent mettre leur épée au service de la charité, et c'est ainsi que d'un hôpital consacré au service des pauvres il sortit d'intrépides guerriers qui s'illustrèrent dans l'histoire par leur indomptable bravoure et leur inlassable charité.

Rappelons brièvement qu'après la chute de Jérusalem, l'ordre des Hospitaliers se retira à Margat, puis à Saint-Jean d'Acre, que les chevaliers défendirent jusqu'en 1290. Ils suivirent ensuite Jean de Lusignan dans son royaume de Chypre, où ils restèrent jusqu'en 1310. Ils prirent d'abord et défendirent ensuite contre les Sarrasins, Rhodes, qu'ils occupèrent jusqu'en 1522. Ils en furent chassés par Soliman et s'établirent définitivement dans l'île de Malte en 1530.

Telle est l'histoire des Hospitaliers de Saint-Jean de Jérusalem, qui prirent successivement les noms de Chevaliers de Rhodes et de Chevaliers de Malte.

Ajoutons que leur zèle charitable leur valut de nombreuses donations.

Dans toute l'Europe ils reçurent de grands biens et on compte qu'ils possédaient, au xiiie siècle, près de vingt mille domaines.

Un grand nombre de villages du nom de Saint-Jean ont perpétué, jusqu'à nos jours, le souvenir d'anciennes *commanderies de l'Hôpital*, c'est-à-dire des manoirs où l'ordre avait établi quelques Chevaliers de Saint-Jean avec un commandeur.

---

(1) *Dictionnaire historique portatif des ordres religieux et militaires.* 1769, p. 188.

Les croisades provoquèrent encore la fondation d'autres hospitaliers, consacrés à la défense des pèlerins ou au rachat des chrétiens en captivité chez les musulmans.

Citons pour mémoire les Templiers et les Chevaliers de l'Ordre Teutonique.

Ces derniers avaient été créés par les marchands de Brême et de Lubbeck, pour hospitaliser ceux des leurs qui se rendaient à Jérusalem pour expier le péché d'usure.

Ils furent les hospitaliers des armées de l'empereur Frédéric Barberousse.

Nulle part la chevalerie ne se montre plus digne d'admiration que dans son institution militaire religieuse. Là elle accepte le sacrifice de toutes les affections, le renoncement à la gloire du guerrier comme au repos du moine et charge du fardeau de ces deux existences le même individu, en le vouant tour à tour aux périls du champ de bataille et au soulagement de la souffrance.

Les autres chevaliers allaient en quête d'aventures pour leurs dames et l'honneur. Ceux-ci pour secourir l'indigence et le malheur (1).

Les historiens des croisades ne sont pas fort prolixes concernant les moyens de secours pour les blessés.

Au cours de la première croisade, nous voyons, après la bataille de Dorylée, qu'afin de donner quelque repos aux blessés pour faciliter leur guérison, on rappela les autres corps de l'armée et, tous réunis, ils demeurèrent pendant plusieurs jours dans un pays agréable, couvert de riches pâturages : les malades se guérirent (2).

Lorsque le roi de France Louis VII s'embarqua après l'échec de sa croisade, il remit au gouverneur de Satalie

---

(1) César Cantu, *Histoire universelle*, t. X.
(2) Guillaume de Tyr, *passim*.

50 marcs d'argent pour soigner les malades restés dans la ville (1).

Après la prise de Ptolémaïs par Richard Cœur-de-Lion, lorsque les croisés s'avancèrent vers Césarée, un char monté sur quatre roues recouvertes de fer portait l'étendard de la guerre sainte suspendu à un mât élevé; c'est autour de ce char qu'on *plaçait les blessés* et que l'armée se ralliait dans les périls (2).

Nous avons dit plus haut que Saint Louis fut soigné par des médecins arabes. Ceci nous amène à établir un parallèle entre l'état des sciences chez les deux éternels adversaires médiévaux : les chrétiens d'Occident et les Arabes. Il est hors de conteste que les Arabes étaient très avancés dans l'art de guérir.

Les controverses soulevées entre les historiens médicaux au sujet de leurs doctrines en sont une preuve évidente.

Dans sa très intéressante *Histoire de la médecine*, le Dr Guardia écrit ceci (3) :

« Quoiqu'il soit de mode aujourd'hui d'exalter les
» Arabes comme les sauveurs de la civilisation durant la
» longue éclipse du moyen âge, il ne faut pas se faire illu-
» sion sur le rôle qu'on leur attribue. »
Mais il ajoute plus loin (4) :
« Il n'est que juste de reconnaître que les écoles de
» Jonsidapour et de Bagdad, en Orient, les académies de
» Séville, de Murcie et de Tolède, en Occident, furent des
» centres de culture scientifique et littéraire qui conser-
» vèrent et entretinrent le feu sacré comme un dépôt d'un
» prix inestimable. »

---

(1) MICHAUD, *op. cit.*

(2) ID., *Ibid.*

(3) G.-M. GUARDIA, *Histoire de la médecine d'Hippocrate à Broussais et ses successeurs*, 1884, p. 38.

(4) ID., *Ibid.*, p. 39.

Deux savants arabes, le médecin Avicenne et le chirurgien Albucasis, ont contribué plus que tous autres à l'extension d'une renommée dont il ne nous appartient pas de discuter le bien fondé ou l'exagération.

Nous dirons simplement qu'Avicenne exerça une influence si considérable pendant quelques siècles, qu'il fut surnommé le Prince de la médecine.

Il naquit en 980 et mourut en 1037.

Les œuvres d'Avicenne décrivent minutieusement une foule de maladies.

Elles furent traduites dans un grand nombre de langues et pendant près de six cents ans furent le code universel de la médecine.

Elles ont servi de base aux études médicales dans toutes les universités de France et d'Italie. On les a réimprimées jusqu'au xviiie siècle et il n'y a guère plus de cinquante ans qu'elles ne sont plus commentées à Montpellier.

Quant à Albucasis de Cordoue, ce fut le plus célèbre des chirurgiens arabes. Il imagina beaucoup d'instruments de chirurgie dont les dessins figurent dans ses œuvres et décrivit notamment la lithotritie, considérée à tort, dit le Dr G. Lebon, comme une invention toute moderne (1).

Imprimées en latin en 1497, les œuvres d'Albucasis furent très appréciées, puisque à une date très récente, en 1861, on en fit une nouvelle édition.

Albucasis mourut en 1107 (2).

---

(1) Dr G. LEBON, *la Civilisation des Arabes, passim.*

(2) Une très curieuse anecdote relative à la faculté de médecine de Paris nous prouve en quel honneur étaient tenus, au moyen âge, les ouvrages des médecins arabes. Le roi Louis XI, toujours tremblant pour sa vie, s'intéressait fort à la médecine, et il désirait se procurer les œuvres du médecin arabe Rhasés. Comme on ne connaissait alors d'autre manuscrit complet de cet ouvrage que celui qui était conservé à la bibliothèque de l'école, le roi en sollicitait le prêt, et résolu à en faire « tirer copie », il s'engageait à le restituer aussitôt après. Grave affaire ! La

Les sciences médicales sont en grande partie redevables aux Arabes de la pharmacie, dont ils furent les vrais créateurs. Ils enrichirent la pharmacopée d'un nombre infini de drogues.

Parmi les acquisitions de quelque utilité, dit le D' Guardia (1), on leur doit les purgatifs végétaux, tels que la casse, la manne, le séné, les myrobolans, le pulpe de tamarin ; les compositions et préparations sucrées, telles que sirops, juleps, électuaires ; et une bonne partie des aromates et des épices, la noix muscade, les clous de girofle, les baumes, le musc. Ils faisaient usage du mercure et du nitre. L'alchimie, qu'ils cultivaient avec succès, produisit entre leurs mains l'eau-de-vie, le sublimé corrosif et les eaux distillées à l'alambic. Un point important signale encore les Arabes à notre attention.

Bien que l'invention et l'usage des anesthésiques passent pour être récents, on pourrait, sans être taxé d'exagération, affirmer qu'ils pratiquaient l'anesthésie dans les cas d'opérations douloureuses.

Nous les voyons en effet faire usage de l'ivraie pour endormir le blessé ou le malade jusqu'à perte totale de sentiment.

Les sciences médicales et chirurgicales étaient donc très développées chez les Arabes. Sans nul doute, il devait en résulter une organisation sanitaire pour les blessés.

Les Arabes, peuple guerrier, sont de toutes parts en lutte.

Faculté se réunit en assemblée solennelle, et la discussion fut longue. Les maîtres finirent par décider qu'ils ne prêteraient les deux petits volumes que sous bonne caution, savoir : douze marcs de vaisselle d'argent déposés à la Faculté, et un billet de cent écus d'or, qu'un riche bourgeois, nommé Malingre, consentit à souscrire pour le roi.

Une fois ces gages fournis, les deux volumes furent remis...

A. FRANKLIN, *la Vie privée d'autrefois. Les médecins*, p. 35.

(1) J.-M. GUARDIA, *op. cit.*, p. 41.

Dans les premiers siècles de l'hégire, l'islamisme conçut le projet d'une conquête universelle. Il le réalisa en partie.

Une interminable lutte s'engage. De toute part l'Islam est en arme. Il est donc logique que, suivant en cela l'invariable règle que nous avons pu constater chez tous les peuples et à toutes les époques, la science vienne, sur les champs de bataille, au secours des victimes, dès qu'elle est arrivée à un certain degré d'avancement.

Nous avons d'ailleurs la preuve de la présence de chirurgiens et de médecins dans les camps arabes par la constatation des soins qu'ils prodiguent à Saint-Louis. De plus, de vrais sentiments d'humanité se firent parfois jour chez les sectateurs de Mahomet.

L'illustre sultan Salah-Eddin, le célèbre vainqueur de Jean de Lusignan, avait posé, il y a sept siècles, un code de guerre qui consacrait à peu près les mêmes principes internationaux que ceux qui ont servi de base à la Conférence de Genève. A appliquant des principes, absolument remarquables pour l'époque, il autorisa, après la prise de Jérusalem, les Hospitaliers de Saint-Jean à soigner les blessés dans la ville dont il venait de s'emparer.

*
* *

Comparée au lamentable état d'infériorité dans lequel se trouvait la science dans l'Europe occidentale, la civilisation arabe brille d'un éclat des plus vifs.

Les croisades furent un merveilleux instrument de propagande pour les arts et les sciences. Le contact de l'Orient avait déniaisé les barbares du Nord, selon la pittoresque expression du D' Guardia.

Au point de vue qui nous occupe, une foule d'institutions charitables furent fondées en Europe pour soutenir les indigents voyageurs, les malades et les blessés.

A Paris on créa l'hôpital des Quinze-Vingts pour trois cents chevaliers revenus aveugles de la croisade.

De plus, les expéditions lointaines et le contact des chirurgiens arabes provoquèrent un vif mouvement en faveur des études chirurgicales. Jean Pitard fonde à Paris, avec l'assentiment de Philippe le Bel et sous l'invocation des SS. Cômes et Damien, le Collège des chirurgiens dont les luttes séculaires avec son éternelle ennemie la Faculté de médecine sont l'étonnement et la joie de l'histoire..

La chirurgie dut à cette immortelle institution un enseignement méthodique et une culture de plus en plus développée.

La création d'organismes de secours pour les traumatisés militaires sera la conséquence logique des progrès de la chirurgie.

L'humanité doit cependant traverser encore de bien sombres jours pendant les derniers siècles du moyen âge, mais, au début de la période moderne, nous verrons les sentiments de charité, de fraternité et de solidarité qui puisèrent leurs sources dans les formidables exodes croisés, prendre, grâce à la science, une remarquable efflorescence.

CHAPITRE III

Les derniers siècles du moyen âge.

Institutions charitables fondées au retour des croisades. — Leurs revenus. — Leur ruine par la guerre de Cent ans. — Barbarie des routiers. — Jalousie des chevaliers pour les gens de pied. — Massacre des arbalétriers à Crécy. — Rançon. — Égorgement des blessés roturiers. — Massacre des prisonniers à Azincourt. — Acharnement dans l'assassinat des blessés. — Rôle des varlets et serviteurs. — Soixante mille trainards pour vingt et un mille combattants. — Absence de chirurgiens aux armées. — Rôle de revue anglaise dans l'armée du Prince Noir. — Thomas Morstède et les chirurgiens récalcitrants. — Chirurgiens assimilés aux clairons et aux tambours. — Pénurie de médecins dans les villes. — Corps des sergents à verge du Châtelet. — Prévoyance des communiers. — Le chirurgien Jehan Ypermann. — Aumôniers. — Défenses aux ecclésiastiques d'étudier les sciences médicales. — Conciles de Montpellier, de Tours, de Paris et de Latran. — Statuts des dominicains. — Charlatans. — Empiriques et sorciers. — Anecdote de Thomas Galle sur les charlatans. — Opinion de Planis-Campi. — Considérations sur le sort misérable des blessés au moyen âge.

La guerre de Cent ans, cette formidable lutte qui mit aux prises avec tant d'acharnement les Anglais et les Français, provoqua un bouleversement complet des institutions charitables fondées après les croisades.

En France principalement, on s'était ingénié à lutter contre la maladie et le malheur.

Innombrables étaient les hospices, les hôpitaux, les asiles fondés et soutenus par la charité publique.

Dès le xie siècle les œuvres de bienfaisance s'étaient multipliées.

Les soldats malades ou blessés n'avaient d'autres ressources que d'aller frapper aux portes de ces maisons charitables, et l'accueil qu'ils y recevaient atténuait en partie les conséquences funestes de l'absence d'organisation sanitaire des armées.

L'invasion anglaise, les longues et sanglantes luttes qui en furent les conséquences, ruinèrent complètement les hôpitaux et les établissements hospitaliers.

La plupart d'entre eux avaient été créés et ne subsistaient que grâce à des rentes assurées par les biens-fonds ou par les revenus d'une exploitation agricole.

Le ravage systématique des campagnes les priva des ressources nécessaires à leur existence. D'autre part, les soldats, qui auraient dû estimer à leur juste valeur les bienfaits des institutions charitables, n'eurent pas honte de les dévaster. Ils les pillèrent et les saccagèrent sans vergogne et furent les artisans les plus directs de leur ruine.

Presque toutes les maisons charitables et les petits hôpitaux de campagne disparurent. La plupart ne furent jamais réédifiés.

Les odieux exploits des routiers, dépouillant et ruinant les établissements hospitaliers, qui cependant constituaient leurs uniques refuges s'ils venaient à être frappés au cours des combats, démontrent surabondamment quel était encore le degré de barbarie aux derniers siècles du moyen âge.

Nous en avons encore un exemple, en examinant la conduite des combattants sur les champs de bataille.

La noblesse, dans son orgueil et son mépris pour le peuple, traitait les manants avec une cruauté presque incroyable.

L'histoire des guerres médiévales fourmille de traits que notre altruisme moderne se refuse à comprendre.

La jalousie des chevaliers pour leurs co-combattants du peuple leur a bien souvent occasionné de sanglantes défaites.

La crainte de voir les « gens de pied » remporter sur les

ennemis un avantage plus marqué que le leur, suggérait à ces nobles chevaliers la plus odieuse conduite.

Nous ne citerons pour exemple que la bataille de Crécy, où, au dire de Froissard (1), le roi de France, Philippe de Valois, fit tailler en pièces, par ses chevaliers, les arbalétriers génois qui *combattaient dans son armée*, en criant : « Tôt, tôt, tuez toute cette ribaudaille qui empêche la voie » sans raison. »

Quel pouvait donc être le sort des blessés à une époque qui voyait d'aussi abominables forfaits ! Une bataille présentait moins le spectacle de luttes héroïques que d'assassinats froidement perpétrés.

Sauf de rares exceptions, où la passion étouffait l'intérêt, ce que l'on recherchait surtout, c'était de mettre à rançon de puissants et riches captifs (2).

Le champ de bataille présentait à la fin cet étrange spectacle : une foule d'hommes gisaient à terre, les membres retournés ou levés en l'air, sans qu'ils pussent les redresser ; des gens de pied, armés à la légère et munis de liens de toute sorte, garrotaient alors les vaincus, les entassaient dans des chariots et les conduisaient au camp, où on les dépouillait ; *ils les égorgeaient sur place*, si c'était petit peuple, hors d'état de payer rançon (3).

· Dans cette mêlée confuse, dit M. A. Luchaire (4), les fantassins, sergents et valets interviennent pour aider les chevaliers de leur parti : remplacer les chevaux blessés ou tués et surtout pour capturer les cavaliers désarçonnés. L'action finit avec le jour. Le lendemain on enterre les

---

(1) Froissard, t. II, p. 360. Édition Buchner.
(2) A. Gauldrée-Boilleau, *op. cit.*, p. 205.
(3) Id., *op. cit.*
(4) A. Luchaire, *Histoire de France*, publiée par E. Lavisse, t. III, p. 248.

morts, on procède aux opérations d'échange ou de rachat des prisonniers nobles, *on achève les blessés roturiers*, non-valeur dont on ne peut rien tirer. Voilà la physionomie traditionnelle d'un combat au temps de Philippe-Auguste.

Le récit de la bataille d'Azincourt nous donne encore de frappants exemples d'abominables attentats contre les blessés et les prisonniers. Les Anglais, vainqueurs, étaient encombrés de prisonniers. Un moment on craignit un retour offensif : Henri V donna l'ordre de les tuer.

Mais un prisonnier, c'était une fortune pour qui le tenait : les Anglais hésitèrent. Deux cents archers furent chargés de l'exécution : « de froid sang toute cette noblesse française » fut là tuée et découpés têtes et visages (1). »

Dans le récit de la « journée de Fornoue (2) » nous trouvons ce tableau suggestif :

« Nous eûmes beaucoup de peine à tirer les hommes » d'armes italiens des mains de nos varlets et serviteurs » qui, s'acharnant après eux, en tuèrent grand nombre avec » les haches à couper le bois qui leur servait à préparer » nos logis. Avec ces haches, ils rompaient les armets des » Italiens et leur donnaient de grands coups sur la tête ; » mais ils avaient de la peine à les tuer, tant était bonne » leur armure. Ils n'y réussissaient qu'en se mettant à » trois ou quatre à la fois ; les longues épées de nos archers » et serviteurs firent alors grand exploit. »

Quelque temps plus tard nous verrons une femme, pour se venger des pertes qu'elle avait subies, égorger, avec son couteau, dix-huit soldats restés malades dans une grange de Bourgogne (3).

Nul sentiment de commisération envers les victimes de

---

(1) A. Coville, *Histoire de France*, publiée par E. Lavisse, t. IV, p. 369.
(2) Hardy de Périni, Batailles françaises, t. Ier, *Guerres féodales*, p. 192.
(3) Id., ibidem, t. III, *Guerres de religion*, p. 122.

la guerre ne vient émouvoir les vainqueurs. Non seulement on égorge les prisonniers, mais encore on achève les blessés.

Les armées étaient suivies d'une foule nombreuse de gens sans aveu qui, véritables oiseaux de proie, s'abattaient sur les champs de bataille pour assommer les victimes et les dévaliser à l'aise.

Cette tourbe, qui commettait les plus atroces exactions, était un véritable fléau pour les contrées où passait l'armée et qui, comme nous l'avons vu plus haut, dévastant tout sur son passage, ruinait les institutions charitables qui auraient pu servir d'asile aux traumatisés militaires après le combat, était toujours particulièrement nombreuse.

Bien que les chefs se soient de bonne heure appliqués à réagir contre cette engeance dont les armées étaient les premières victimes, nous voyons encore au xvii\ :superscript\ e siècle, en Allemagne, l'armée du feld-maréchal Mélander opérant contre Turenne, traîner à sa suite soixante mille femmes, enfants et valets, alors que son armée ne comprenait que vingt et un mille combattants (1).

Mais si les armées au moyen âge se distinguaient par un nombre inusité d'écuyers, de valets de toutes sortes qui les accompagnaient, on n'y voit par contre qu'un nombre excessivement restreint de chirurgiens.

C'est ainsi que dans le rôle de revue de l'armée anglaise, commandée en 1347, par le Prince Noir, reproduit par M. Gauldrée-Boilleau, d'après la célèbre *Histoire d'Angleterre* de John Lingard, nous ne trouvons pas la moindre trace de chirurgiens ou de médecins.

Il y est cependant fait mention, indépendamment de chefs et soldats de toute arme et de tout grade, d'ingénieurs, de mineurs, d'armuriers, de maréchaux ferrants, de maçons

____

(1) HARDY DE PÉRINI, *op. cit.*, t. IV, *Turenne et Condé*, p. 96.
(2) GAULDRÉE-BOILLEAU, *op. cit.*, p. 244.

et de charpentiers. Dans cette énumération assez complète seul le service de santé est omis.

Lorsqu'en 1415 le roi d'Angleterre Henri V envahit la France avec une puissante armée, il n'avait qu'un seul chirurgien, Thomas Morstède, qui s'engagea à emmener avec lui douze hommes de sa profession.

Dans une seconde expédition on n'en put pas même avoir volontairement un pareil nombre et le roi fut réduit à autoriser Thomas Morstède à faire embarquer de force tous les chirurgiens qu'il croirait nécessaires, avec des artistes pour fabriquer leurs instruments (1).

La raison de cet empressement à refuser le service dans les armées était que les chirurgiens touchaient la même solde que les clairons et les tambours, auxquels ils étaient assimilés au point de vue hiérarchique.

Preuve encore de la sollicitude qu'éprouvaient des chefs d'armées pour le service de santé !

Il y avait d'ailleurs très peu d'hommes versés dans l'art de guérir, même dans les villes importantes.

Paris comptait :

En 1002. . . . . 6 médecins.
» 1274. . . . . 8 »
» 1395. . . . . 32 »
» 1500. . . . . 21 » (2).

Les ordonnances royales en France ne font aucunement mention de chirurgiens d'armées, seul le corps des Sergents à verge du Châtelet, qui n'était en aucune façon un organisme de guerre, obtint en 1405 le privilège spécial d'avoir

---

(1) MALGAIGNE, *Introduction aux œuvres d'Ambroise Paré*, pp. LVII et LVIII.

(2) A. FRANKLIN, *la Vie privée d'autrefois. Les médecins*, p. 123.

« un sirurgien pour leur curer leurs playes, blesseures et naureures (1) ».

Les communes semblent s'être plus souciées des soins à donner aux milices bourgeoises qui combattaient pour elles.

Nous avons cité au chapitre précédent les exemples des communes de Ferrare et de Bologne qui avaient passé des contrats avec des chirurgiens.

Nous voyons également la commune d'Ypres, quand elle mit une armée en campagne lors des démêlés des Brugeois avec le comte de Flandre Louis de Crécy, en 1325, faire appel au chirurgien Jehan Yperman, qui organisa le service chirurgical. Ces services lui furent payés 8 livres 4 sols parisis.

En l'absence de service de santé régulièrement institué, on serait fondé à croire que les aumôniers des armées furent de véritables infirmiers.

Le doute est cependant permis.

La charge d'aumônier remonte au xiiie siècle (2).

Dès le viiie siècle il y eut des prêtres qui suivaient les armées en campagne.

Nous avons vu dans un précédent chapitre que le concile de Ratisbonne de 742 s'occupa de la question. Il ne s'agissait pas cependant d'une aumônerie organisée.

Au moyen âge, la concurrence la plus redoutable que rencontraient les médecins était celle des prêtres et des moines, dit M. A. Franklin (3), à qui nous empruntons ces détails.

Appelés auprès des malades, ils se laissaient emporter par leur amour du prochain, et malgré les sentences ecclésiastiques soignaient le corps en même temps que l'âme.

---

(1) *Ordonnances des rois de France*, t. IX, p. 75
(2) Boisset, *Essai sur l'aumônerie militaire*.
(3) A. Franklin, *op. cit. Les médecins*, p 28.

L'Église avait fini par craindre que l'étude de la médecine ne nuisît à celle de la théologie.

Aussi les conciles de Montpellier en 1162, de Tours en 1163, de Paris en 1212 firent-ils défense au clergé de s'occuper de l'art de guérir.

Le concile de Latran de 1215 prohibe spécialement les opérations chirurgicales en vertu, très probablement, du principe *Ecclesia abhoret sanguine* (l'Église a horreur du sang).

Nous voyons de même les Dominicains, par leurs statuts de 1243, s'interdire de lire aucun livre de médecine.

Si donc les aumôniers prodiguaient leurs soins aux traumatisés militaires, l'empirisme plus que la science devait y avoir la plus grande part.

Nous avons démontré que pendant tout le moyen âge les plus élémentaires préceptes d'humanité avaient été complètement négligés.

L'absence de gens de science propres à soulager les maux des victimes de la guerre provoqua l'invasion d'une nuée de médicastres empiriques, charlatans et sorciers de toutes sortes, véritables oiseaux de proie ignorants et dangereux qui s'attachaient aux armées en marche.

Attirés par l'appât du lucre, grâce à leur grossière faconde, ils distribuaient à haut prix des élixirs, des baumes et même des enchantements. Plus préoccupés d'exploiter les blessés que de les guérir, ils se livraient presque impunément aux plus dangereuses pratiques.

Pour en fournir un exemple frappant, nous citerons l'opinion de deux auteurs qui écrivirent postérieurement à la période que nous étudions dans ce chapitre : Thomas Galle et De Planis-Campi.

Si l'on considère qu'à la date où ils firent leurs observations, les sciences avaient déjà progressé et avaient fait reculer l'empirisme, on pourra juger de la situation épouvantable qui était faite aux blessés par les pratiques des charlatans au moyen âge.

Le premier auteur que nous citons, Thomas Galle, célèbre chirurgien anglais, nous a laissé dans un ouvrage publié à Londres (1) un tableau pittoresque des agissements des charlatans d'armées.

« Je me rappelle, dit-il, qu'à mon arrivée à l'armée
» près de Montreuil, sous Henry VIII, je trouvai là grand
» nombre de drôles qui avaient l'impudence de faire les
» chirurgiens. La plupart étaient des châtreurs de truies,
» d'autres de chevaux et plusieurs des chaudronniers de
» campagne et des savetiers. Cette noble était connue sous
» le nom de « sangsues de chiens? » Avec ces sortes de
» guérisseurs, le traitement n'était jamais long, deux panse-
» ments suffisaient communément; les blessés esquivaient
» le troisième en partant pour l'autre monde.

« Le duc de Merfolk ayant pris le commandement de
» cette armée, ne tarda pas à être instruit de ce désastre, et
» pour reconnaître la cause qui rendait mortelles les plaies
» les plus légères, il appela quelques chirurgiens habiles et
» je fus du nombre — ajoute modestement le narrateur. —
» Nous fîmes notre ronde dans le camp et bientôt nous ren-
» contrâmes plusieurs de ces « bons compagnons » qui
» usurpaient ainsi le nom et les gages de chirurgien.

» Nous leur demandâmes s'ils étaient chirurgiens, ils
» répondirent que oui. Nous leur demandâmes derechef
» sous quels maîtres ils s'étaient instruits, ces effrontés à
» face impudente nous répondirent, l'un sous un tel devin,
» l'autre sous un autre, qui étaient tous morts. Nous nous
» informâmes encore avec quelle drogue ils pansaient; ils
» nous montrèrent un pot ou une boîte propre à graisser

---

(1) Thomas Galle, *Certain works in chirurgerie newly compeled and published in London,* 1563. In-8°.

» les pieds des chevaux. D'autres, et ceux-ci étaient save-
» tiers ou cordonniers, faisaient avec de la poix de cordon-
» nier et de la rouille de vieux chaudrons, un onguent
» qu'ils appelaient merveilleux. Les garnements une fois
» démasqués, le général les fit livrer à la prévôté pour être
» pendus, en récompense de leurs dignes services, à moins
» qu'ils n'avouassent franchement qui ils étaient et quelle
» était leur véritable profession. »

Quant à De Planis-Campi, voici ce qu'il écrit (1) :

« Hélas ! que j'en ai vu d'ignorants et qu'il y en a qui
» suivent les armées, qui ne connaissent ni leur sujet ni la
» vertu d'aucun remède ! Et comment le feraient-ils, car
» peut-être il n'y aura pas deux ans qu'ils étaient laquais,
» hommes de chambre ou palefreniers, et de panseurs de
» chevaux se mettent panseurs d'hommes, coupant, tranchant
» sans besoin et sans méthode, n'ayant que l'impudence
» et la vanterie, tellement que s'il s'en guérit un entre leurs
» mains, plutôt par sa bonne habitude que par leur indus-
» trie, ils en feront trophée et s'en vantent partout... »

Si l'on considère, d'une part, que pendant presque tout le
moyen âge, l'Europe fut à feu et à sang, que, d'autre part,
les sentiments d'humanité ou même de simple prévoyance
envers les blessés étaient presque lettre morte, on ne peut
songer sans frémir au sort misérable des malheureuses victimes de la guerre, auxquelles la science ne venait pas
encore apporter les consolations et les soulagements.

*
* *

Deux facteurs importants apparaissent dans l'histoire de
la guerre à la fin du moyen âge : l'invention de la poudre
et l'établissement des armées permanentes.

---

(1) PLANIS-CAMPI, *Traité des plaies faites par les mousquetades*, Paris, 1623,
p. 83.

Tous deux eurent une réelle influence sur l'organisation sanitaire des armées. Nous l'établirons par la suite.

De plus, l'invention de l'imprimerie va donner aux sciences une impulsion considérable.

Nous examinerons au chapitre suivant les raisons en vertu desquelles la nécessité plus encore que les sentiments humanitaires contribua à l'institution d'organismes de prévoyance pour les traumatisés militaires.

Si le moyen âge fut, pour la cause de l'humanité envisagée au point de vue des ambulances, une période bien cruelle et bien sombre, nous aurons la consolation de voir l'éclatant soleil de l'altruisme qui éclaire de ses éblouissants rayons la période contemporaine jeter déjà quelques lueurs d'espérance dès les premiers siècles des temps modernes.

TROISIÈME PARTIE

LES TEMPS MODERNES

CHAPITRE Iᵉʳ

L'Invention de la poudre et l'Institution des armées permanentes.

L'invention de la poudre au moyen âge ne fait ressentir son influence qu'au début des temps modernes. — Influence des armes à feu sur l'idée d'institution de secours organisés. — Usage de la poudre lent à se propager. — Emploi de canons à Crécy (1346). — Effets relativement médiocres des armes à feu. — Bâton à feu. — Haquebutte. — L'emploi des armes à feu ne se généralise qu'au commencement du xvıᵉ siècle. — La poudre contribue à la chute des institutions du moyen âge. — Les armées permanentes aux États généraux d'Orléans (1439). — Compagnies d'ordonnances et Francs-Archers. — Nécessité de l'organisation des armées permanentes. — Charles VII organise la seule force publique de France. — Influence considérable de la centralisation sur l'institution des ambulances. — Charles le Téméraire. — Organisation sanitaire des armées de Bourgogne. — Les médecins du duc. — Pensions accordées aux invalides. — Lous XI et la « petite paye ». — François Iᵉʳ et la « morte-paye ». — Siège de Grenade. — Isabelle la Catholique établit le premier hôpital militaire.

Bien que la poudre fût inventée et usagée dès le moyen âge, son emploi ne se généralisa et surtout n'eut d'influence bien marquée qu'au début des temps modernes.

Les armes à feu vont imprimer une orientation nouvelle à la science de la chirurgie.

De plus, les hautains chevaliers, bardés de fer, qui, la

plupart du temps et à moins de circonstances exceptionnelles, pouvaient narguer l'arme blanche, vont se trouver dans des conditions d'infériorité vis-à-vis du « vilain » qui, de loin, les atteindra des coups de son arquebuse.

Il en résultera un changement notable dans la manière d'envisager les conséquences des combats. On se préoccupera davantage de s'assurer des secours et lentement la nécessité d'un service de secours se fera sentir.

Le progrès cependant sera bien long à se manifester et d'autres facteurs devront intervenir pour lui garantir un succès quelque peu marqué.

Rien n'est plus controversé que l'invention de la poudre.

Sans nous arrêter aux opinions qui la font remonter aux Chinois, qui s'en seraient servis à la guerre dès 969 (1), nous dirons simplement que ce sont les Anglais qui en firent usage pour la première fois à la bataille de Crécy en 1346.

Le roi d'Angleterre avait, au dire de Froissart, entremêlé à ses archers « des bombardes qui avec du feu lan
» çaient des petites balles de fer pour effrayer et détruire
» hommes et chevaux et les coups de ces bombardes cau
» sèrent tant de tremblement et de bruit qu'il semblait
» que Dieu tonnait avec grand massacre de gens et renver
» sement de chevaux (2) ».

Pendant longtemps les pièces de campagne ne produisirent guère plus d'effet que les anciens engins décrits par

---

(1) On prétend que Genghis-Khan avait parmi son personnel militaire des Chinois qui faisaient sauter les fortifications au moyen de la poudre. On prétend également que les Arabes importèrent la poudre en Europe et s'en servirent en Espagne dès le xiiie siècle.

(2) Les comptes de la ville de Gand établissent que, dès 1313, les Flamands auraient eu connaissance de l'application des principes explosifs de la poudre. Leurs ambassadeurs envoyés en Angleterre par les magistrats emportèrent des canons à poudre. Il est également question dans une chronique de l'emploi de deux canons par les habitants de Metz en 1324.

Froissart, mais elles effrayaient l'ennemi par leurs détonations. Leur action n'influait pas sur l'issue des batailles; d'ailleurs, on ne savait pas faire jouer l'artillerie (1).

Difficilement le *bâton à feu*, c'est-à-dire l'arquebuse (qu'on nommait également *haquebutte*), remplaça l'arc et principalement l'arbalète.

L'emploi des armes à feu, soit l'artillerie, soit les armes portatives, ne se généralisa que pendant les guerres du commencement du XVIe siècle dans les armées de Charles-Quint et de François Ier, soit plus de deux siècles après leur invention. La poudre, qui devait contribuer pour une si large part à la chute des institutions militaires du Moyen Age, ne doit donc trouver place dans l'histoire des ambulances qu'au début des Temps Modernes.

Une autre institution, bien que se plaçant chronologiquement à la fin de la période médiévale, trouve incontestablement sa place dans les temps modernes. Nous voulons parler des armées permanentes. Leur influence sur l'organisation des ambulances est considérable. Nous le démontrerons par la suite.

A ce titre, il importe de faire un exposé succinct de ce fait historique qui pour nous a une si grande importance. Lorsque le roi Charles VII eut chassé les Anglais de la France, il se préoccupa de la nécessité d'organiser son royaume ruiné par l'invasion.

Les États généraux réunis à Orléans, en 1439, lui suggérèrent l'idée de la réforme complète de l'armée et l'institution d'une troupe permanente fut décidée en principe.

Nous n'entrerons pas dans le détail de l'organisation des Compagnies d'Ordonnances, ni dans celle des Francs-

---

(1) E. BOUTARIC, *Institutions militaires de la France avant les armées permanentes*, p. 360.

Archers, ni de toute la nouvelle administration militaire que nécessitèrent ces innovations. Ce serait excéder notre cadre.

Jusqu'à l'époque dont nous venons de parler, la guerre avait été regardée comme un mal passager, un état anormal dont on ne devait pas se préoccuper d'avance. La création en Europe, sur les débris du monde féodal, de grandes puissances jalouses les unes des autres, se surveillant mutuellement et cherchant à s'étendre aux dépens de leurs voisins, nécessita l'entretien de fortes armées, pour repousser les agresseurs et profiter des circonstances favorables de prendre l'offensive. Les armées avaient été dans le passé, des éléments de désordre à l'intérieur ; il fallait que désormais elles réunissent deux conditions, qui semblaient s'exclure : qu'elles présentassent à la fois des moyens de défense suffisants contre l'étranger, et devinssent au dedans un instrument politique et une garantie de la sécurité publique.

Charles VII chercha à résoudre ce problème (1).

C'est l'honneur des États généraux d'Orléans d'avoir eu l'idée du principe de l'armée permanente. Charles VII revendiqua comme le droit de la couronne, l'organisation de la défense nationale.

Il n'y a donc plus qu'une force publique en France, c'est l'Armée du Roy.

Cette centralisation du commandement suprême aura une influence considérable dans l'organisation des secours aux traumatisés militaires.

L'unité de direction va créer l'unité de responsabilité.

La concentration du service de subsistance et d'intendance donnera l'idée de l'organisation, entre autres services accessoires, du service de santé de l'armée.

____

(1) E. Boutaric, *op. cit.*, *passim*.

Lorsque l'incontestable utilité des secours aux blessés aura été démontrée par les services d'un Ambroise Paré, l'idée de la création d'hôpitaux militaires naîtra.

Vienne un Henri IV secondé par un Sully et l'idée sera mise à exécution.

Voilà ce que vaut à la cause des ambulances, l'organisation des armées permanentes.

Elle a pour nous une trop grande importance pour que nous ne voyions dans l'année 1439 une date mémorable dans l'histoire des ambulances.

L'influence que pouvait avoir sur le moral des troupes la certitude d'être secouru en cas de blessure avait été pressentie par Charles le Téméraire.

Le célèbre duc de Bourgogne, qui fut le dernier grand seigneur féodal, avait organisé ses armées avec un soin inusité à cette époque.

Doué de plus d'aptitude militaire que son rival Louis XI, il avisa le premier, dit M. Malgaigne (1), à satisfaire ce besoin de toute armée régulière et à instituer un service chirurgical militaire.

Il avait attaché un chirurgien à chaque compagnie de cent lances. Chaque lance représentant huit combattants, c'était donc un chirurgien pour huit cents hommes.

Et comme il y avait deux mille deux cents hommes d'armes, la chirurgie militaire de Bourgogne se composait de vingt-deux chirurgiens pour un total de dix-sept mille six cents personnes sans compter les chirurgiens attachés aux grands vassaux du duc et ceux du duc lui-même.

Nous savons d'ailleurs que Charles le Téméraire avait attaché six médecins à son service particulier (2).

Indépendamment des soins qui étaient prodigués aux

---

(1) MALGAIGNE, *Introduction aux œuvres d'Ambroise Paré*, p. CLXVII.
(2) A. FRANKLIN, *op. cit. Les Médecins*, p. 61.

soldats blessés dans les armées bourguignonnes, ceux-ci étaient pensionnés lorsqu'ils étaient incapables de continuer leur service par suite de leurs blessures.

De même, Louis XI assura le sort de ses soldats invalides. Ils jouissaient du quart de leur ancienne solde et cette pension qu'on appelait « la petite paye » leur était servie dans les villes de garnison où on les plaçait.

Sous François Ier, la solde que l'on versait au vétéran prit le nom de « morte-paye ».

Nous terminerons l'examen des premières années des temps modernes en signalant l'établissement du premier hôpital militaire proprement dit par la reine d'Espagne Isabelle la Catholique.

Pendant le siège de Grenade elle fit dresser six grandes tentes avec des lits (1).

Toutes facilités furent données aux chirurgiens et médecins qu'elle appela pour soigner les blessés et les malades. Cette institution ne fut que bien éphémère et ne semble pas s'être maintenue après l'opération stratégique au cours de laquelle elle fut créée.

Cet hôpital, bien que très primitivement organisé, rendit de grands services et les soldats d'Aragon et de Castille, le baptisèrent du nom d'Hôpital de la Reine.

_______/________

(1) Henri Dunant, *la Charité internationale sur les champs de bataille*, p. 97.

CHAPITRE II

Ambroise Paré et les chirurgiens-barbiers.

Lutte entre les médecins et les chirurgiens-barbiers. — Défaveur du travail manuel. — Les médecins ne se livrent à aucun travail manuel. — Ils se refusent à faire des opérations. — « La science n'est pas pour ceux qui n'ont que la main. » — Discrédit dans lequel les médecins veulent tenir les chirurgiens. — Charlatanisme et empirisme qui en sont les résultats. — Barbiers-barbants. — Ambroise Paré apprenti barbier. — Reçu maître barbier-chirurgien en 1536. — Idées fausses de l'époque sur les plaies d'arquebusades. — Pratiques cruelles des chirurgiens. — Observations et initiative de Paré. — Son dévouement et sa ténacité pour l'amélioration de son art. — L'huile des « petits chiens ». — Audace de Paré qui publie un livre scientifique en français. — Popularité de Paré. — Il contribue puissamment à réhabiliter la chirurgie. — Ambroise Paré est la personnalité la plus haute de la chirurgie militaire. — Considérations sur son influence pour l'organisation d'un service de santé des armées.

Bien qu'il n'entre pas dans notre sujet de dresser une histoire de la chirurgie, il importe cependant que nous esquissions à grands traits l'origine de la corporation des chirurgiens-barbiers.

La lutte que les barbiers durent soutenir pour obtenir leur place dans le monde scientifique et le discrédit où s'efforçaient de les maintenir leurs puissants adversaires, n'a pas été sans exercer une influence considérable sur l'institution des ambulances.

C'est à ce titre que nous croyons devoir donner les détails qui vont suivre et dont l'examen démontrera surabondamment le bien fondé de notre thèse.

Pendant tout le moyen âge et jusqu'au xviie siècle, tout homme se livrant à un travail manuel était considéré comme étant d'une classe inférieure et tenu pour ouvrier.

Cette singulière façon de voir, qui était d'une règle absolue, avait les plus bizarres conséquences.

C'est ainsi que les merciers, corps de marchands ne travaillant jamais de leurs mains, occupaient dans la hiérarchie sociale une place bien plus élevée que les sculpteurs ou les peintres.

Ces derniers, fussent-ils même artistes de grand mérite, faisaient partie de la même corporation et étaient régis par les mêmes statuts que les peintres d'enseignes ou en bâtiments.

Partant de cet extraordinaire principe, les médecins auraient cru déroger en se livrant sur leurs malades au moindre attouchement pouvant être considéré comme un travail manuel. Un médecin se fut déshonore aux yeux de ses confrères en pratiquant une saignée (1).

En 1751 les statuts de la faculté de médecine de Paris obligent encore le récipiendaire à s'engager, par acte dressé devant notaire, de s'abstenir de toute opération, car « il convient de garder pure et intacte la dignité de l'ordre » des médecins... »

Lorsqu'à la Faculté on « faisait une anatomie », c'est-à-dire lorsqu'on donnait le cours sur un cadavre, un chirurgien était convié spécialement pour faire la dissection.

Les docteurs présidaient le cours et pompeusement guidaient l'opérateur, mais aucun d'eux n'auraient voulu compromettre sa dignité en s'abaissant jusqu'à toucher le sujet, même du bout du scalpel.

Cette scène de haute bouffonnerie ne serait que réjouis-

---

(1) En 1748 un médecin de Paris ayant ordonné deux saignées à un de ses malades, attendit, pour la faire pratiquer, l'arrivée du chirurgien. Celui-ci étant en retard, le médecin laissa mourir le malade devant lui plutôt que d'opérer lui-même.

sante si elle n'avait été néfaste à la cause du progrès de la science.

L'avocat général Servin ne plaidait-il pas au Parlement de Paris que « la science n'est pas pour ceux qui n'ont que la main », et quand Louis XIV anoblit le chirurgien Clément, qui avait accouché Mlle de La Vallière ainsi que la Dauphine, il eut soin de mentionner dans les lettres de noblesse que Clément ne serait pas obligé de renoncer à son métier « sans, y est-il dit, qu'il soit tenu de cesser » l'exercice de sa profession, en considération des secours » que les princesses de notre sang pourront continuer d'en » recevoir ».

Félix aussi est anobli après qu'il a opéré Louis XIV de la fistule ; mais le roi stipule que cette faveur lui est accordée « à la charge de vivre noblement, et sans que son titre » de premier chirurgien du roi lui puisse être imputé à » dérogeance (1) ».

Le discrédit dans lequel les gens de science tenaient les pratiques manuelles eut cette conséquence que c'est aux barbiers que la chirurgie fut redevable de ses progrès. Cette classe infime de citoyens pour laquelle la caste médicale n'avait que sarcasmes et mépris fit plus d'honneur à la science que ses prétentieux et orgueilleux détracteurs.

Dès les débuts, la pratique de la chirurgie en Europe resta, de par l'indifférence ou le mépris des gens de science, le domaine des charlatans, des vieilles femmes et principalement des barbiers.

Leur savoir se composait de grossières pratiques et d'un certain nombre de recettes empiriques transmises par les traditions.

C'est vers le XIIIe siècle que quelques barbiers plus intel-

---

(1) A. FRANKLIN, *op. cit. Les Chirurgiens*, p. 11 et *passim*.

ligents firent un premier effort pour arracher leur corporation de l'ignorance où elle croupissait.

Nous avons vu Jean Pitard fonder la corporation des
chirurgiens sous l'invocation des SS. Cômes et Damiens.

Nous n'entrerons plus dans de plus amples détails ni ne
prendrons parti dans les controverses au sujet de la fondation du Collège des chirurgiens, cela sortirait de notre cadre.

Nous renverrons simplement le lecteur aux intéressants
ouvrages de M. A. Franklin, qui, dans sa collection *la Vie
privée d'autrefois*, a consacré une place spéciale aux médecins et aux chirurgiens.

L'absurde préjugé contre lequel les chirurgiens durent
lutter pendant près de cinq siècles empêcha ou retarda dans
une certaine mesure les praticiens de valeur de se rendre
aux armées.

Leur situation était en effet fort précaire. Les médecins
refusaient de les admettre dans la grande famille scientifique et voulaient les reléguer dans leur boutique de barbier, et par cela même les mettaient au même niveau que
les empiriques et les charlatans qui suivaient les armées.

Ce n'est qu'en 1637 que fut fondée, par suite d'une
autorisation spéciale de Louis XIII, une nouvelle corporation
de barbiers, à laquelle il fut interdit de se livrer aux pratiques chirurgicales. Ce sont les *barbiers-barbants*, ancêtres
directs de nos modernes coiffeurs, qui n'avaient dans leurs
attributions que la confection et la pose des perruques et en
général toutes espèces de coiffures.

Les rois et les grands seigneurs, circonvenus ou défavo-
rablement impressionnés, ne se rendaient que fort imparfaitement compte de la valeur des services que pouvaient
rendre les chirurgiens habiles et instruits.

Témoins de pratiques charlatanesques trop souvent
malfaisantes, ils craignaient plus qu'ils ne souhaitaient
l'institution d'un service organisé où on aurait dû faire

appel à ces chirurgiens tant décriés par les hauts seigneurs de la médecine. Il fallut l'apparition d'un grand et noble caractère pour faire tomber les préventions et les partis pris.

En 1517 (d'autres disent en 1509) à Laval, en Bretagne, naissait le célèbre Ambroise Paré, celui qui, en méritant le nom de Père de la chirurgie, allait réhabiliter cette belle science et, par contre-coup, provoquer l'organisation du service de santé régulier des armées.

Dès son arrivée à Paris en 1532, Ambroise Paré fut reçu apprenti chez un barbier. Il avait déjà commencé son apprentissage en province, à Angers, croit-on, mais c'est à Paris qu'il se perfectionna dans l'art de raser, de coiffer, de peigner; ainsi que de soigner et de panser les plaies.

Son goût très vif pour ces deux dernières spécialités de la profession des barbiers le fit de bonne heure entrer à l'Hôtel-Dieu, que fréquentaient assidûment les apprentis barbiers.

Il fut reçu maître barbier-chirurgien en 1536. Il s'établit et suspendit au-dessus de sa boutique les trois bassins, insigne de la corporation.

Cependant son vif désir de s'instruire et de s'élever au-dessus de la condition inférieure dans laquelle végétaient ses semblables, le fit prendre du service dans les armées. Il s'attacha tout d'abord à la personne de René de Montejean, Capitaine général des gens de pied, qui devint maréchal de France en 1538.

Dès lors, il devint le prototype du chirurgien d'armée. Toute sa longue carrière se passe à soulager les souffrances des traumatisés militaires.

Par une erreur courante de l'époque, les plaies d'armes à feu, ce qu'on appelait les « plaies d'arquebusades », étaient considérées comme envenimées ou empoisonnées par la poudre.

Pour provoquer la guérison après l'extraction du projectile, les chirurgiens cautérisaient la plaie soit en y brûlant de la poudre, soit en y versant de l'huile bouillante, soit en y portant un fer rouge.

L'atrocité de ces moyens barbares provoquait des souffrances inouïes et on ne peut songer sans frémir aux épouvantables hurlements qui devaient s'échapper des endroits où les chirurgiens (on pourrait presque dire les bourreaux) se livraient à leurs cruelles pratiques.

Dès la première campagne à laquelle il assista, Paré eut l'occasion de mettre en pratique les qualités d'observation et d'initiative qui allaient faire de lui un novateur dans la science chirurgicale.

Certain jour étant obligé, suivant l'usage établi, de brûler à l'huile bouillante un grand nombre de blessés, cette huile vint à lui manquer.

Il ne dormit pas de la nuit, s'attendant à trouver le lendemain les blessés qu'il n'aurait pu cautériser, morts empoisonnés.

Il se leva de grand matin, et, à sa grande satisfaction et à son excessive stupéfaction il s'aperçut qu'ils étaient en bien meilleur état que ceux qui avaient été « soignés ».

Le hasard lui ayant ainsi révélé combien étaient erronés les procédés en usage, il osa, malgré sa jeunesse et son obscurité, les combattre ouvertement.

Il conseilla cependant d'abord l'emploi de l'huile chaude et non bouillante, mais en 1552, lorsque parut la première édition de son Grand Traité, il révéla les raisons qui avaient dicté sa définitive résolution de ne plus brûler si « cruellement les pauvres blessés (1) ».

C'est au cours de cette même campagne de 1536 que

---

(1) Il est peut-être intéressant de rappeler que les Arabes ont pendant très longtemps conservé la pratique de cautériser les plaies par armes à feu. LARREY, dans ses *Mémoires de chirurgie militaire*, t. II, p. 224, au

Paré nous donna un frappant exemple de la ténacité dont il savait faire preuve quand il s'agissait de la science et des soulagements qu'elle pouvait procurer aux victimes de la guerre.

Se trouvant à Turin à la suite de l'armée française, il entendit vanter un chirurgien qui possédait un remède secret infaillible pour guérir les plaies d'arquebusades.

Pour connaître la composition de ce baume merveilleux, pendant deux ans et demi il fit sa cour au détenteur du fameux secret.

Il nous en donne un aperçu. La naïveté de ce prétendu remède nous ouvre des horizons noùveaux sur l'état de la science à cette époque où les arts brillaient d'un si vif éclat.

Voici la recette de cette extravagante mixture :

« Il (l'homme au secret) m'envoya quérir deux petits
» chiens avec une livre de vers de terre, deux livres d'huile
» de lys, six onces de térébenthine et une once d'eau-de-
» vie. En ma présence il fit bouillir les chiens *tout vivants*
» en ladite huile jusqu'à ce que la chair quitta les os, et,
» après avoir mis les vers morts en vin blanc afin qu'ils
» jetassent la terre qui est toujours contenue en leur ventre.
» Etant ainsi vidés, les fit cuire en ladite huile jusqu'à ce
» qu'ils devinssent tout arides et secs, alors fit passer le
» tout par une serviette mi-pressée, y ajouta la térébenthine,
» puis l'eau-de-vie et appela Dieu à témoin que c'était son
» baume duquel il usait aux plaies faites par arquebusades
» et autres et me pria de ne point divulguer son secret. »

Ayant employé cette « huile des petits chiens » dont le résultat fut naturellement négatif, Paré avoue « que la plu-
» part des gentilshommes et soldats blessés mouraient sans

---

cours de la narration de la campagne d'Égypte par l'armée de Bonaparte, dit textuellement : « Les Arabes, pour le traitement des plaies d'armes à
» feu, font usage de la poudre à canon qu'ils mettent en combustion sur
» la plaie. »

» y pouvoir aucunement remédier, ou à bien grande peine
» relevaient de leur maladie, ores que les plaies par eux
» reçues fussent de bien petite apparence ».

Revenu à Paris en 1539, Paré y exerça sa profession
pendant deux années, au cours desquelles il se maria.

Cependant son goût très prononcé pour la chirurgie des

AMBROISE PARÉ.

champs de bataille où, selon son expression, « l'on traicte
» les blessés sans fard et sans les mignardiser à la façon des
» villes » et où « le gain estant éloigné, le seul honneur
» nous est proposé et l'amitié de tant de braves soldats

» auxquels on sauve la vie », le fit reprendre du service en 1542.

Au camp de Perpignan en 1543, le maréchal de Brissac avait reçu un coup de feu près de l'omoplate droite et les chirurgiens ne pouvaient trouver la balle.

Rénovant alors le précepte hippocratique, Paré eut l'idée de mettre le blessé dans la position où il était lorsqu'il avait reçu le coup de feu.

La balle se révéla alors par une légère saillie sous la peau et fut extraite par le chirurgien du Dauphin, Nicole Lavernault (1).

En 1545 il publia un petit opuscule traitant de la méthode pour soigner les plaies d'armes à feu (2).

L'apparition de ce petit livre, dit M. E. Delorme, dans son remarquable *Traité de chirurgie de guerre*, fut un grand événement pour la chirurgie française.

Alors que la corporation médicale avide et haineuse autant que puissante, surtout à Paris, voyait avec aigreur et dépit quelques translations en français des traités classiques latins du temps, un simple compagnon barbier venait d'oser écrire en français, c'est-à-dire dans la langue compréhensible de tous et qui pouvait le mieux répandre les connaissances dont elle s'était réservé le privilège !

Ce maître barbier venait d'oser imprimer un ouvrage dans lequel il rappelait sans cesse les résultats de son expérience !

On garda rancune à Paré de son audace et on lui répondit par des pamphlets (3).

Il importe peut-être de faire remarquer qu'Ambroise

---

(1) MALGAIGNE, *Introduction aux œuvres d'Ambroise Paré*, p. CCXXXVI.

(2) *Méthode de traicter les playes faictes par hacquebutes et austres bastons à feu et de celles qui sont faictes par flèches, dardz et semblables : aussi des combustions espécialement faictes par la poudre à canon*, par A. PARÉ, compagnon barbier, in-12, 61 p., Paris, 1545.

(3) E. DELORME, *Traité de chirurgie de guerre*, t. Ier, p. 6.

Paré ne sut jamais le latin. Ingénument il en fait doléance dans un de ses ouvrages :

« N'a pleu à Dieu, dit-il (1), faire tant de grâce à ma » jeunesse qu'elle aye esté en grec ou latin instituée. »

C'est en cette même année 1545 que se trouvant au camp de Boulogne, il commença sa réputation en opérant avec le plus grand succès le duc de Guise.

Un tronçon de lance était resté dans la face de celui qui fut dès lors surnommé le Balafré.

Paré se servit des tenailles d'un maréchal ferrant et dut, pour opérer l'extraction du fer, appuyer le pied sur le visage du patient.

Dans les campagnes qui suivirent, la réputation d'Ambroise Paré grandit de plus en plus.

Sa popularité était immense parmi les soldats, car, bien qu'attaché en qualité de chirurgien à la personne de l'un ou l'autre grand seigneur, il prodiguait ses soins au plus grand nombre possible de blessés d'humble condition et faisait, en toutes circonstances, plus que son devoir.

L'anecdote suivante, est édifiante :

Un soldat de la compagnie de Rohan allant en maraude avait été blessé de douze grands coups d'épée, de telle sorte que, le jugeant dans un état désespéré, sa compagnie, qui devait partir le lendemain, avait creusé la fosse où on voulait le jeter. Paré réclame en sa faveur, le fait placer sur une charrette, lui tient lieu de médecin, de chirurgien, d'apothicaire, de cuisinier et le guérit.

L'admiration fut au comble, et les soldats de la compagnie de Rohan ne se bornèrent pas à de platoniques transports de reconnaissance.

A la première rencontre qui se fit, chacun des hommes

---

(1) *Bricfve collection de l'administration anatomique composée par Ambroise Paré, maître barbier chirurgien à Paris,* in-12. 1550.

AMBROISE PARÉ SOUS LES MURS DE METZ (1552), peinture murale du Val-de-Grâce, à Paris.

d'armes lui donna un écu, chacun des archers un demi-écu.

Quoi d'étonnant, dès lors, de le voir au prix des plus grands dangers pénétrer dans Metz assiégé par Charles-Quint.

Il fut reçu au milieu des acclamations et avec les transports de la plus vive allégresse, et tous, princes, seigneurs, les chefs d'armées comme les soldats, s'écrièrent qu'ils n'avaient plus peur de mourir puisque Paré était avec eux.

Les soldats particulièrement ne manquaient pas la moindre occasion de lui marquer leur reconnaissance.

La haute considération qu'il avait acquise auprès des grands n'était rien en comparaison de la vénération qu'il inspirait aux humbles qui plus que tous autres étaient en mesure d'apprécier les bienfaits de sa science et de son grand cœur.

Pendant la campagne de Picardie de 1553, lorsque Charles-Quint vint mettre le siège devant Hesdin, Paré, envoyé dans la ville par ordre du roi, fut de la part des soldats l'objet d'attentions extraordinaires. Ils le « portaient comme un corps sainct ».

Outre le titre de Premier chirurgien du roi, Paré avait été nommé Valet de chambre et Conseiller.

Au dire de Brantôme, deux huguenots furent sauvés par le roi pendant la Saint-Barthélemy : sa nourrice et son Premier chirurgien.

La question de savoir si Paré était protestant a cependant été controversée.

Nous savons qu'il fut enterré dans l'église de Saint-André des Arts, à Paris, ce qui infirmerait jusqu'à un certain point les dires de Brantôme. Il serait peut-être plus exact de dire que c'est à l'influence de Paré qu'on dut, de la part du roi, une atténuation de l'horrible boucherie.

Successivement chirurgien des rois Henri II, François II, Charles IX et Henri III, Paré prit part à quarante campagnes.

Nous dirons avec le Dr Delorme (1) que c'est avec raison que la postérité a voué un véritable culte à ce compagnon barbier, devenu ce grand génie réformateur de la chirurgie militaire et civile.

Il consacra sa vie tout entière au soulagement des maux des victimes de la guerre.

Toute son existence se passe dans les camps, car il ne se livre à la pratique de la chirurgie civile que pendant les trèves et les périodes de paix, bien rares à cette époque.

Nous pouvons donc considérer Ambroise Paré, le père de la chirurgie française, comme une des personnalités les plus hautes de la chirurgie militaire.

En réhabilitant la chirurgie et, comme nous l'avons dit plus haut, en démontrant par ses pratiques, combien l'action de la science était précieuse et bienfaisante pour les armées en campagne, et surtout en inspirant aux soldats une confiance qui avait jusqu'à ce jour manqué aux compagnons chirurgiens-barbiers, ses prédécesseurs, il ouvrit le chemin au progrès. Aussi quelques années après sa mort, allons-nous voir se créer les premières ambulances régulièrement organisées.

A ce titre, Ambroise Paré est une grande figure dans l'histoire des ambulances.

____

(1) E. DELORME, *op. cit.*, t. Ier, p. 9.

CHAPITRE III

Henri IV et Sully.

La Réforme et les Guerres de Religion. — Cruauté inhérente à ce genre de guerre. — Sort précaire des blessés. — Chanson huguenote. — Système d'administration basé uniquement sur la solde. — Désavantages de ce système. — Influence d'Ambroise Paré commence à se faire sentir. — Le maréchal de Brissac en 1551 prend des mesures pour l'organisation d'un hôpital-ambulatoire. — Les blessés au siège de Metz en 1555. — Psychologie de Henri IV. — Causes qui l'obligent à se préoccuper du service de santé des armées. — Sully et la réorganisation administrative. — Siège d'Amiens. — Son importance considérable dans l'histoire des ambulances. — Classification des hôpitaux militaires. — Excellence de leur organisation. — Prévoyance de Henri IV pour les blessés ennemis. — La Maison Royale de la Charité chrétienne du Faubourg Saint-Marceau. — Refuge pour les soldats vieux et infirmes. — Oblats et moines lais. — Fondation en leur faveur sous les Mérovingiens et les Carlovingiens. — Mesures prises par Charlemagne. — Luttes pour le droit d'oblation. — Philippe-Auguste Saint Louis. — Le Livre des Métiers d'Étienne Boileau. — Louis XI. — Mesures énergiques et ordonnances prises par Charles IX, Henri III et Henri IV concernant l'observation du droit d'oblation. — Dissentiments entre les oblats et les religieux chargés de leur entretien. — Henri IV convertit le droit d'oblation en une taxe fixe. — Impéritie de la régence de Marie de Médicis. — Faveur et popularité des hôpitaux militaires. — Un chirurgien-renoueur des camps et armées du roi.

Les querelles religieuses suscitées par la Réforme avaient mis l'Europe à feu et à sang. Pendant la seconde moitié du xvie siècle, la guerre prit un caractère d'impitoyable barbarie et d'acharnement sans merci.

C'est d'ailleurs le propre des guerres de religion d'étouffer dans le cœur des hommes tout sentiment de commisération pour l'adversaire qui professe une autre croyance.

L'assassinat des blessés devient un acte presque méritoire aux yeux des belligérants.

Dans la plupart des pays de l'Europe continentale la guerre civile sévit dans toute son horreur.

En France, principalement, les différentes factions aux prises, ensanglantèrent le pays pendant de longues années.

Une véritable anarchie régnait dans les bandes ennemies qui sillonnaient les provinces.

L'alternance de leurs succès et de leurs revers et l'instabilité de leurs conquêtes aggravaient cruellement le sort des victimes des combats.

Une très curieuse chanson huguenote, qui se chantait sur un air de psaume dans les camps protestants vers 1568, nous édifie sur la misérable condition des soldats.

> Cheminer tous les jours au vent et à la pluie ;
> La nuit, être à la haie avec un froid manteau,
> La tête découverte et les pieds dedans l'eau ;
> Se repaître d'ennui et de mélancolie ;
> Avoir les Roys du monde et la Terre ennemis ;
> *N'avoir pour les blessés sûreté qu'au tombeau ;*
> Sentir dix mille poux qui démangent la peau ;
> Avoir du corps entier la force défaillie ;
> Avoir manque d'argent et d'habits et de pain ;
> Avoir la bouche fraîche et se soûler de faim ;
> Avoir de tous moyens la personne affamée ;
> Porter la mort en croupe et les armes au dos,
> Et n'avoir un seul jour d'aise ni de repos :
> C'est la nécessité de notre pauvre armée !

Dans les armées régulières ou, pour être plus exact, dans les troupes levées par le pouvoir royal, il semblerait que la prévoyance de l'administration dût pourvoir dans une certaine mesure à l'amélioration de la situation matérielle des combattants.

Comme nous l'avons dit plus haut, l'organisation d'une

intendance relevant du pouvoir central devait amener un progrès considérable.

Mais, hélas, ce qui était théoriquement exact ne l'était pas encore dans la pratique. L'administration avait trouvé un moyen de se décharger de ce qui aurait dû constituer pour elle une obligation primordiale.

Elle avait considérablement simplifié sa mission. Au lieu d'organiser en détail les services accessoires si importants dans une armée en campagne, elle se libérait en bloc au moyen de la solde.

De tous les documents publics ou privés, il ressort que la solde de l'homme de guerre, gens d'armes, archer, chevau-léger, fantassin, devait subvenir à toutes les dépenses de subsistance (vivres pour l'homme, fourrages pour le cheval) ; d'habillement ; d'armes, poudre, plomb, mèches ; d'équipement ; *de traitement en cas de blessures ou de maladies ;* de remonte pour le cavalier ; même de rançon pour le soldat fait prisonnier (1).

L'énoncé d'un tel système suffit pour faire comprendre combien il était défavorable et désavantageux.

Au point de vue du service de santé, il était même néfaste.

Par son imprévoyance même, le soldat aggravait sa situation.

La solde, le plus souvent, était détournée de son but et l'argent octroyé pour un emploi nettement déterminé par le règlement, servait à tout autre usage.

De plus, il était d'absolue nécessité que la solde fût payée d'avance et que la plus grande régularité vînt en assurer le service.

Il est presque puéril de faire observer que la plupart du temps il n'en était pas ainsi.

---

(1) A. GAULDRÉE-BOILLEAU, *op. cit.*, p. 439.

Le désordre, la concussion ou la malversation, l'appauvrissement du trésor et les accidents inhérents à la guerre retardaient ou supprimaient tout simplement la rémunération de la troupe.

Les conséquences immédiates étaient une désorganisation complète de l'armée, d'où résultait un affaiblissement qui avait les plus funestes conséquences.

Malgré l'insuffisance et les dangers d'une organisation aussi défectueuse, le service de la *solde* resta, pendant longtemps encore, le seul qui fut réellement établi.

Toutefois, lorsque le théâtre des opérations n'offrait aucune ressource, ou bien si, assiégées ou assiégeantes, les troupes ne pouvaient se procurer elles-mêmes des ressources locales, le chef d'armée devait aviser alors à faire effectuer des distributions en nature qui donnaient lieu à imputation sur les plus prochains payements de solde (1).

Sous l'empire des circonstances et le retentissement qu'avait dans les armées le dévouement des quelques chirurgiens, disciples d'Ambroise Paré, grâce aussi à la réhabilitation de la science chirurgicale trop longtemps acoquinée aux malfaisantes pratiques des charlatans et des empiriques, on voyait se manifester une tendance à l'organisation régulière d'un service sanitaire.

Déjà en 1551, au moment d'entrer en campagne, le maréchal de Brissac avait mis à l'ordre de son armée :

« Qu'a toutes les *monstres* qui se feront, il sera prins
» sur la paye d'un chacun soldat et à proportion de la solde
» un sol par escu qui seront consignés aux maistres de
» camp et auditeur général pour estre convertis tant en un
» magasin d'armes qu'a un hospital ambulatoire pour
» secourir les malades et les blessez. »

Et nous trouvons dans la belle relation du siège de Metz

---

(1) A. GAULDRÉE-BOILLEAU, *op. cit.*, p. 340.

publiée en 1550, par Bertrand de Salignac, seigneur de
La Motte Fénelon, que le gouverneur de la ville, M. de
Guize, entre autres mesures administratives, enrôla « par
» exprès les barbiers, chirurgiens, es quels il feit advancer
» de l'argent pour se fournir de drogues et onguents requis
» à la cure des blessures.

» Oultre ce, pour éviter inconvénient de peste ou autre
» mortalité qui pourroit être causée par mauvais air, fut

LES ESTROPIÉS MILITAIRES, d'après J. CALLOT.
Cliché Firmin-Didot et Cie, à Paris.

» commandé au prévost des mareschaux prendre quelques
» pionniers, chevaulx et tombereaux, afin de purger sou-
» vent la ville, jester les immondices dehors et faire tenir
» nettes les rues : pourvoyant, *quant aux soldats qui pour-*
» *royent tomber malades* de blessures, ou à cause des
» gardes de nuit et courvées qu'il leur fauldroit faire à la
» pluye et au froid, *qu'ils seroyent retirez en un hospital,*
» et illec pansez, serviz et traictez de tout ce qu'il leur

» feroit besoing; pareillement les pionniers en un aultre
» hospital, s'ils venoyent estre blessez ou malades travail-
» lant aux remparts ou en aultres services pour la défence
» de la ville. »

Il appartenait à Henri IV de marquer son règne d'une
date mémorable dans l'histoire des ambulances.

Ce roi, né et élevé parmi les paysans, et dont les premières années furent si rudes, était plus que tout autre
accessible aux misères du peuple. De plus, il avait conquis
son royaume à la pointe de l'épée et avait vécu dans les
camps de la vie du soldat.

Le premier, il avait compris combien la bonne administration d'une armée, en assurant la subsistance aux
troupes dans les meilleures conditions possibles, était de
nature à augmenter la valeur des combattants.

L'organisation d'un service de secours devait en tout
premier lieu, être l'objet de ses préoccupations.

En effet, le soldat qui est assuré d'être secouru, se sent
une ardeur plus grande. Il affronte le danger avec plus de
sang-froid et se soucie moins de recevoir des blessures
quand il est persuadé que des mesures sont prises pour lui
venir en aide.

Ces considérations psychologiques, jointes aux sentiments
humanitaires que Henri IV devait à sa nature et à ses origines, lui firent comprendre la nécessité primordiale qu'il y
avait d'assurer un service de santé régulier dans ses armées.

Il s'efforça donc d'atténuer dans la mesure du possible, la
misérable situation des victimes de la guerre; et on peut
affirmer sans craindre d'être démenti que c'est de son
règne que date vraiment la chirurgie d'armée officiellement
organisée.

Il fut puissamment secondé dans son œuvre par Sully.

Ce ministre intègre, vigilant et ferme, fut un administrateur d'élite.

La France sortait épuisée de trente années de guerres religieuses et civiles.

Sully restaura les finances et réorganisa l'armée.

Lorsqu'il fallut arracher Amiens aux Espagnols et affermir ainsi la couronne sur la tête de Henri IV, Sully, avec une inlassable ardeur, s'appliqua à perfectionner, dans l'armée assiégeante, tous les services de subsistance et d'intendance.

Il était persuadé qu'en améliorant la situation matérielle du soldat, il assurait à l'armée en général une supériorité incontestable qui devait lui donner la victoire.

Tous les auteurs s'accordent pour vanter l'excellence des mesures prises par le ministre.

Le maréchal de Biron installa son camp devant Amiens vers la fin mars 1597. Dès les premiers jours d'avril, grâce à Sully, l'abondance y régnait.

Les vivres n'y étaient pas plus chers qu'à Paris. On y voyait les halles du pain, des fruits et des légumes, des boucheries et des poissonneries, avec des magasins pour le vin, le blé, l'avoine, le bois, le foin et autres provisions. Il n'y avait pas jusqu'aux cabarets, tavernes et cuisines, qui ne fussent transportés aux tentes de l'armée avec leurs enseignes. Toutes les denrées étaient taxées à des prix que les fournisseurs ne pouvaient dépasser.

Les *apothicaires et chirurgiens*, le *logis des blessés*, le cimetière, les *hôpitaux* étaient si bien ordonnés que rien ne manquait à la nécessité des malades et à leur prompt secours. En sorte qu'on eût dit un nouveau Paris nouvellement bâti devant Amiens (1).

Voici donc l'institution des hôpitaux militaires et du service de santé officiellement décrétée en 1597, par l'autorité royale.

----

(1) Général HARDY DE PERINI, *Batailles françaises*, t. II. *Guerres de religion*, pp. 216 et 217.

Depuis la chute des institutions romaines, l'humanité avait péniblement gravi un long calvaire.

Tout le moyen âge n'avait été qu'une période d'abominables et sanglantes mêlées, où presque rien ne venait atténuer le sort affreux des malheureuses victimes de la guerre.

L'invasion des Barbares avait brutalement anéanti les institutions sanitaires des armées que les Romains avaient eu la sagesse et la prévoyance d'instituer.

L'initiative de Henri IV et de Sully permettait de renouer le cycle interrompu. L'humanité se retrouvait à la fin du XIIIe siècle au même point qu'à la fin du IVe siècle.

Mais désormais rien ne pouvait arrêter le progrès des idées altruistes.

A la différence de tous les autres, le service de santé nouvellement organisé fut presque parfait dès son origine.

Les hôpitaux furent divisés en deux classes.

Sully avait reconnu que la rapidité avec laquelle un blessé était secouru, pouvait avoir une influence considérable sur l'issue du traitement.

Il fallait donc rapprocher le plus possible des lieux de combat, les endroits désignés pour recevoir les blessés.

Il créa des « hôpitaux ambulatoires » ou « ambulants », qu'on appela, par abréviation, « ambulances », pour suivre le mouvement des armées.

Dans les villes et les places fortes, il institua les « hôpitaux sédentaires ».

Les ambulances nécessitaient un personnel spécial. Le transport des malades et des blessés, l'entretien constant des instruments opératoires, le renouvellement des vivres, médicaments, pansements, linges, charpies, provisions de toutes sortes en rendaient l'administration difficile et onéreuse.

On ne fit des ambulances que de simples dépôts.

Les blessés étaient évacués le deuxième jour sur les hôpitaux sédentaires.

L'excellence de la nouvelle organisation, la nouveauté et l'évident progrès qu'elle marquait dans la situation des traumatisés, eurent un retentissement considérable dans l'armée.

Nous avons dit que ce fut au siège d'Amiens que la nouvelle organisation fut mise en pratique.

Sully, à juste titre, fut fier de son œuvre.

Toujours si modeste pour lui-même, il ne manqua pas cependant de signaler dans ses *Mémoires* qu'un grand nombre de personnes de qualité, au lieu de se faire transporter à Paris, préférèrent se faire soigner à l'hôpital militaire du camp.

Les soldats, dans leur reconnaissance, appelèrent le siège d'Amiens, le siège de velours.

Lorsque les Espagnols capitulèrent, Henri IV leur fit remettre « charrettes et sûres escortes pour conduire les malades et les blessés à Doullens ou à Bapaume ».

Le sort des traumatisés militaires préoccupa toujours le Béarnais, et non content de les faire relever et panser sur le champ de bataille et de les faire transporter officiellement dans les hôpitaux sédentaires, il s'appliqua à assurer un refuge aux estropiés et aux mutilés.

Tous ses efforts tendirent à créer un asile pour ses vieux compagnons.

Il avait compris qu'il n'était pas digne de laisser végéter misérablement les serviteurs du pays qui avaient contracté des maladies ou des infirmités à son service.

C'est Henri IV qui eut la belle pensée d'instituer officiellement les maisons de retraite pour malades ; et si, comme nous le verrons par la suite, c'est à Louis XIV que la France doit la fondation de l'Hôtel des Invalides, à Paris, il est incontestable que l'honneur doit en revenir à Henri IV et à son ministre Sully.

Nous ne pouvons en donner une meilleure preuve qu'en citant presque *in extenso* l'ordonnance célèbre (1) créant la Maison Royale de la Charité chrétienne du Faubourg Saint-Marceau.

« Comme en toute les œuvres qui sont recommandées
» de Dieu, il n'y en a point qui lui soit plus agréables que
» la charité envers les pauvres, c'est pourquoi, les Rois Très
» Chrétiens, prédécesseurs et plusieurs notables personnages
» de nos sujets à leur imitation, ont fait de très belles fon-
» dations en plusieurs et divers endroits de notre royaume,
» terres et pays de notre obéissance ; pour les nourrir,
» loger et entretenir et faire bâtir et édifier de belles et
» grandes maisons, Hôtel-Dieu, hôpitaux, maladreries, et
» autres lieux pitoyables, auxquels toutes sortes de pauvres
» se retiraient ; mais, comme les troubles et guerres ont
» eu cours dans notre royaume, depuis longtemps, il y a eu
» une infinité de pauvres gentilshommes, capitaines et sol-
» dats qui ont porté les armes pour notre service et des rois
» nos prédécesseurs, lesquels non seulement ont employé
» leurs jeunesses et reçu de grandes blessures ; mais aussi
» ont les uns perdu leurs membres ou sont demeurés
» mutilés ou estropriés d'iceux ; les autres vieux, caducs,
» incapables de faire aucune chose, et ceux qui avaient des
» métiers, ne les peuvent exercer ni gagner leur vie, étant
» par ce moyen réduits en grande nécessité et pauvreté,
» honteux de mendier et vaguer par les rues, au mépris de
» leur qualité, préjudice de leurs personnes et grand scan-
» dale du public, cela nous aurait donné occasion pour
» subvenir à leur pauvreté et la honte qu'ils ont de se voir
» en extrême nécessité, après avoir bien mérité de nous par
» des services si signalés et leur donner le moyen de vivre
» le reste de leurs jours et aussi pour donner plus grande

____

(1) Ordonnance royale de juillet 1604.

» occasion aux autres gentilshommes, capitaines et sol-
» dats de nous faire le service qu'ils nous doivent et hazar-
» der leur vie plus hardiment et avec pareille affection et
» fidélité que lesdits pauvres estropiés vieux et caducs, sur
» l'assurance qu'ils auront, en cas qu'ils seront blessés ou
» estropiés à notre service et de nos successeurs, à l'avenir
» d'avoir une certaine retraite pour être logés, nourris et
» entretenus le reste de leurs vies, par nos édits du 15 octo-
» bre 1597 et avril 1600, donné, octroyé et confirmé,
» auxdits pauvres gentilshommes, capitaines et soldats
» estropiés qui sont demeurés, viels et caducs en nous fai-
» sant service, la Maison royale de la charité chrétienne du
» faubourg Saint-Marceau en notre bonne ville de Paris,
» et à icelle donné et affecté et confirmé pour fondation
» perpétuelle et irrévocable, la recherche des comptes de
» l'Hôtel-Dieu, léproseries, hôpitaux, maladreries, aumô-
» neries, confréries et autres lieux pitoyables de notre
» royaume, le reliquat desdits comptes et deniers revenants
» bons, et les amendes et les confiscations qui proviendront
» des abus et malversations commis par les administrateurs
» et gouverneurs d'icelles et autres. »

A dire vrai, on s'était depuis longtemps préoccupé du sort des vétérans. Mais combien précaires avaient été les mesures prises et combien inefficaces avaient été la plupart du temps les diverses réglementations que l'on avait voulu appliquer !

Les soldats mutilés ou ceux affaiblis par l'âge et la mala-die furent, dès les premiers siècles du moyen âge, envoyés dans les abbayes, où ils furent reçus sous le nom d'*oblats* ou de *moines lais*.

On ne peut assigner une date précise à l'institution des oblats, mais on peut affirmer qu'elle est peut-être aussi vieille que l'institution monastique elle-même.

Sous les Mérovingiens et sûrement sous les Carlovin-

giens, un grand nombre de fondations furent faites en
faveur des oblats.

Charlemagne prit des mesures énergiques pour empêcher que, par intérêt ou par égoïsme, les moines ne refu-
sassent les vétérans, les négligeassent ou leur fissent subir
des traitements répréhensibles ou indignes de leur ancienne
condition.

La tradition rapporte même que le grand empereur punit
sévèrement un abbé du Languedoc qui avait refusé de recevoir un soldat qu'il lui avait envoyé pour en faire un oblat
de son abbaye.

Le Droit d'oblation, sur lequel il ne nous est parvenu
que des renseignements vagues et incomplets, a toujours été
l'objet de discussions passionnées ou de graves dissentiments.

Les moines virent toujours de très mauvais œil l'institution des oblats.

Bien que ceux-ci fussent tenus de rendre au monastère
des services manuels en rapport avec leurs forces ou leurs
aptitudes spéciales, les moines ne se soumirent jamais qu'à
contre-cœur aux ordonnances qui vinrent, à différentes
époques, réglementer l'institution.

Philippe-Auguste songea à réunir tous les soldats blessés,
mutilés et mis hors de service, dans une seule ou dans quelques abbayes spécialement fondées dans ce but.

Des négociations furent entreprises avec le Saint-Siège,
mais elles n'aboutirent probablement pas, car nulle trace
n'est parvenue jusqu'à nous d'un hospice purement militaire.

Saint Louis à son tour se préoccupa de l'existence des
vétérans.

Le *Livre des métiers*, d'Etienne Boileau, atteste en
plusieurs endroits que des redevances dues par certaines
catégories de marchands, furent destinées à l'entretien des
oblats royaux.

Sous les successeurs de Saint Louis, l'institution ne s'améliora pas. Il faut en arriver à Louis XI qui commença modestement à pensionner les officiers et les soldats invalides.

Nous avons déjà dit dans un précédent chapitre que les hommes d'armes de Charles le Téméraire furent également pensionnés.

Nous avons de même signalé l'institution des « mortes-payes ».

Charles IX et Henri III, devant l'évidente mauvaise volonté des abbayes à subir les oblats, se voient dans l'obligation de prendre des mesures énergiques.

Différentes ordonnances de Henri III sont à ce sujet des plus suggestives. Celle rendue en février 1585 est particulièrement explicite.

Le Roi, rappelant le texte qu'il promulgua le 4 mars 1578 (1) et qui réglementait l'installation des oblats dans les abbayes, déclare cet édit perpétuel et irrévocable.

Les contrevenants seraient soumis à une forte amende, et tout en trouvant étrange, qu'en dépit de sa royale volonté,

-----

(1) Sous Henri II, sous François II, sous Charles IX, tous ceux qui s'occupèrent de l'administration de l'État, Montmorency, les Guise, Catherine de Médicis, Michel de l'Hôpital, Condé, jetèrent un regard de justice sur la condition des vieux soldats.

L'ordonnance du 28 octobre 1568, donnée par Charles IX, bien que très courte, offre à ce sujet de précieux renseignements.

Durant les débats des différentes pragmatiques sanctions, les bénéficiers ecclésiastiques avaient mis au jour toutes sortes de prétentions souvent contradictoires. Ils avaient à peu près anéanti en l'éludant l'institution des oblats. Ils se permettaient de choisir eux-mêmes les vieux pensionnaires. Charles IX frappa sévèrement cette fraude.

« Entendons, dit-il, que, pour quelques causes ou quelque occasion que
» ce soit, les titulaires des prieurés qui sont en la collation des arche-
» vêques, évêques, abbés, chapitres et communautés de nos royaumes,
» pays et terres de notre obéissance soient chargés, ni tenus de recevoir
» aucun soldat ou autre estropiés, ès places de religieux-lais ou oblats,
» mais seulement, voulons les dits religieux-lais être par nous mis en

aucune commodité ne soit apporté au sort des anciens serviteurs de la patrie, il voit, dit-il, avec indignation qu'on cherche à les dégoûter par des difficultés sans nombre.

Il ordonne en conséquence que personne ne dispute dans les monastères les places d'oblats estropiés ou infirmes ou aux vétérans vieux et caducs. Il veut enfin que tous les dépositaires de l'autorité royale, baillis, sénéchaux, etc., se préoccupent de la stricte exécution de sa volonté et il leur enjoint d'y tenir la main avec la dernière rigueur.

Malgré sa sévérité, il est à présumer que la volonté royale fut en partie paralysée par la mauvaise volonté des intéressés.

De plus, les temps troublés que traversait la France avaient diminué la fortune des couvents.

Ceux-ci avaient fait en grande partie les frais de la guerre contre la Réforme. Dès l'avènement de Henri IV, les plaintes s'élevèrent de toutes parts.

Les moines protestaient contre l'obligation d'hospitaliser des soudards qui, en majeure partie, avaient soutenu la fortune du roi huguenot.

» abbayes et prieurés qui sont en notre nomination et sur laquelle notre
» Saint-Père le Pape accoutumé de pourvoir. »

Ainsi d'après cette ordonnance, la royauté se réserve exclusivement de choisir et de placer ceux des vieux serviteurs de l'État qui lui paraissent avoir mérité d'être entretenus dans les abbayes.

La mesure de Charles IX fut insuffisante.

Henri III se vit obligé de reproduire son ordonnance et le texte de celle qu'il rendit le 4 mars 1578 mérite que l'on en cite quelques passages :

« Nous, ces choses considérées, voulant remédier à tous ces abus et
» afin qu'ils n'ayent plus de lieu à l'avenir, nous mandons très expressé-
» ment, nous enjoignons et à chacun de vous en droit, si nous voulons et
» nous plait, cette fois pour toutes, sans attendre de nous autres jussions
» ou commanderons que dès incontinent que vous aurez reçu les plaintes
» et doléances, ayant obtenu de nous des lettres de provision des dites
» places de religieux lais, vous contraigniez a entendre eux représenter
» promptement et sans délai par devant vous pour être vus et visités par

D'autre part, les soldats se plaignaient de la mauvaise volonté, de la mauvaise foi et des tracasseries de toutes sortes qu'ils avaient à subir de la part des communautés religieuses.

Désirant une fois pour toutes remédier aux abus de toutes sortes dont l'écho lui parvenait sans cesse, Henri IV promulgua un certain nombre d'édits et de règlements d'où résulta, d'une part, pour obvier aux passe-droits et aux scandaleux abus qui permettaient d'octroyer des pensions ou places d'oblats à des individus qui n'y avaient aucun titre, une revision complète et minutieuse de tous les titres d'oblats.

D'autre part, les richesses des établissements de bienfaisance et des communautés religieuses furent évaluées et l'obligation qu'avaient jusqu'à ce moment ces établissements de secourir, d'héberger et de nourrir un certain nombre d'oblats proportionnellement à leur étendue et à leurs richesses, fut convertie en une charge pécuniaire annuelle qui fut fixée à 60 livres par oblat.

Sully fut l'âme de toute cette réglementation. Grâce à sa

» les chirurgiens et gens à ce connaissant, ouis et interrogés, leurs certifi-
» cats vérifiés, afin que s'ils ne se trouvent avoir été au service de nos
» ayeux et de nous, et autres de la qualité requise, soient par vous et un
» chacun de vous démis et dépossédés des dites places de religieux lais,
» et en leur lieu y mettre et installer les dits soldats estropiés et impo-
» tens, d'autant que les dites places ont été affectées ou destinées pour
» ceux qui ont été perclus ou estropiés dans le service de nos prédéces-
» seurs ou de nous, sans avoir égard à leur provision et réception et de
» tout ce qui s'en serait ensuivi, lesquelles nous avons autrefois cassées
» et annulées, et les cassons, rescindons et annulons dès à présent, comme
» pour lors, nonobstant oppositions et appellations quelconques faites et
» à faire, sans toutefois qu'il y soit commis aucune fraude ou abus, tous
» ports et faveur cessans, ni tenir les pauvres supplians en longueur de
» procès et iceux, garder d'oppression et de violence et les tenir en notre
» protection et sauvegarde. » AUGUSTE SOLLARD, *Histoire de l'hôtel royal
des Invalides depuis sa fondation jusqu'à nos jours*, pp. 25-28.

vigilance, à sa prévoyance et à son zèle éclairé, il avait trouvé les ressources nécessaires pour assurer le fonctionnement administratif de cette belle institution : la Maison Royale de la Charité chrétienne de la rue de Lourcine, au Faubourg Saint-Marceau.

Henri IV, dans sa sollicitude pour le nouvel établissement, voulut en avoir lui-même la haute surveillance.

Son conseil seul, à l'exclusion de toute autre juridiction, fut autorisé à s'en occuper.

Ajoutons que des Commissaires délégués furent chargés par la suite de fonder dans diverses provinces des établissements d'invalides analogues à la Maison du Faubourg Saint-Marceau.

Henri IV et Sully ont de grands titres à la reconnaissance de l'humanité pour leur sollicitude envers les blessés et surtout pour leur initiative concernant la création des ambulances et des refuges pour invalides. Et s'il fallait démontrer que c'est bien à eux que revient l'honneur de cette dernière création, il suffirait de faire observer que dès la mort de Henri IV, la régence de Marie de Médicis porta un coup mortel à la Maison du Faubourg Saint-Marceau.

Dès le 1er septembre 1611, un arrêt du conseil d'État supprime l'impôt dû par les moines pour l'entretien des oblats.

Il fut décidé que les soldats impotents retourneraient dans les communautés remplir l'avilissante charge d'oblat dont la sage prévoyance de Henri IV avait voulu les libérer.

Ainsi succomba, par l'insouciance et la mauvaise volonté d'un gouvernement incapable, la première institution en faveur des invalides.

Nous verrons au chapitre suivant que l'idée fit néanmoins son chemin et que Louis XIV reprit et compléta l'œuvre de son illustre aïeul.

Une autre conséquence de la prévoyance de Henri IV et de Sully envers les blessés et de l'organisation des hôpitaux de campagne, fut d'aider puissamment à la réhabilitation de la science de la chirurgie, réhabilitation dont le grand Ambroise Paré avait été l'initiateur.

Nous avons vu les grands seigneurs se faire soigner dans les hôpitaux militaires au siège d'Amiens. Nous constatons un autre symptôme dans le fait suivant, que nous trouvons pour notre part absolument suggestif.

Parmi les variétés infinies de spécialistes qui encombraient la caste si décriée des chirurgiens-barbiers, la moins étrange n'était certes pas celle des *rhabilleurs ou renoueurs*. C'étaient des praticiens qui spécialisaient la réduction des fractures et des luxations.

Le fait d'avoir pratiqué dans les hôpitaux militaires devait être de nature à rehausser le mérite d'un chirurgien aux yeux de la clientèle, puisque nous voyons en 1699 un sieur Dumont prendre le titre de « Chirurgien renoueur des camps et armées du Roy (1) ».

------

(1) A. FRANKLIN, *op. cit. Variétés chirurgicales*, p. 208.

CHAPITRE IV

Les Idées humanitaires
aux XVIIe et XVIIIe siècles.

Sagesse et prévoyance de l'administration de Richelieu. — Ses efforts pour perfectionner l'administration de la guerre. — *Ultima ratio Regum.* — Création des hôpitaux militaires sédentaires. — Le service de santé devient une institution officielle. — Solde des chirurgiens. — Initiative particulière des chefs et des soldats. — Siège de Casal. — Siège d'Ostende. — La France organise la première un service officiel. — Prise de Fribourg. — Création du chirurgien-major des camps et armées du Roi. — Louis XIV. — Les hôpitaux militaires et les places fortes bâties par Vauban. — Organisation hiérarchique des chirurgiens d'armées. — Infériorité du personnel infirmier. — Multiplicité des guerres et recrudescence du nombre des invalides et des infirmes. — Leur sort malheureux. — Leur nuisance. — Richelieu en fait enfermer comme vagabonds à l'hôpital de la Pitié. — Richelieu et les oblats. — Création de la Commanderie de Saint-Louis. — Lutte de Louis XIV et des communautés religieuses au sujet du droit d'oblation. — Création de l'Hôtel Royal des Invalides. — Succursales dans les provinces. — Création d'œuvres similaires en Europe. — Guillaume d'Orange et le château de Greenwich. — Frédéric II, roi de Prusse. — Catherine II de Russie. — Édit du 17 janvier 1708. — Formation du corps permanent d'officiers de santé militaire en France. — Refonte de l'organisation en 1788. — Institution de l'Académie de chirurgie en 1731 et des amphithéâtres en 1772. — Frédéric II et les chirurgiens français. — Les sciences chirurgicales en Prusse, en Italie, en Angleterre, en Hollande, en Belgique, en Suède, en Espagne, au Portugal, en Russie, en Autriche. — Défectuosité du système de « l'entreprise » dans les différents hôpitaux. — Infériorité des hôpitaux militaires sur les hôpitaux civils. — Progrès des idées humanitaires. — Traits d'humanité de Turenne et du duc de Cumberland. — Bataille de Fontenoy. — Organisation sanitaire dans les marines militaires européennes. — Les chirurgiens français pendant la guerre de l'Indépendance des États-Unis. — Considérations générales sur les XVIIe et XVIIIe siècles au point de vue des sciences chirurgicales.

Nous avons signalé dans le précédent chapitre, combien l'impéritie du gouvernement sous la régence de Marie de Médicis, avait été funeste aux institutions humanitaires instaurées par Henri IV et son grand ministre Sully.

L'administration tout entière retomba dans un véritable état d'anarchie.

Après l'avènement de Louis XIII, il fallut l'arrivée au pouvoir de Richelieu pour donner une impulsion nouvelle aux idées de charité et de prévoyance pour les traumatisés militaires. La sage administration du ministre allait permettre aux institutions ébauchées sous le règne précédent de se perfectionner.

Son esprit prévoyant lui en démontrait l'utilité au moment où la France s'engageait dans sa formidable lutte contre la Maison d'Autriche.

Il voulait principalement faire de l'armée un instrument de grandeur et de puissance tant à l'intérieur qu'à l'extérieur. N'était-ce pas lui d'ailleurs qui avait pressenti notre hautaine et implacable devise moderne « la Force prime le Droit », en inscrivant sur les canons qu'il faisait fondre : *Ultima ratio Regum* (la dernière raison des Rois), devise que, par extension, il voulait appliquer à la force armée tout entière.

L'administration militaire fut donc, de sa part, l'objet des soins les plus attentifs.

Reprenant et surtout complétant l'œuvre de Sully, il créa véritablement les hôpitaux sédentaires fixes exclusivement militaires. Le premier fut établi à Pignerol (1).

Lorsqu'il instaura en 1627 le service de l'intendance, nous voyons que dans chaque armée, il y avait un intendant qui, entre autres missions telles que payement de troupes, perception des contributions de guerre, approvisionnement des magasins, etc., était chargé de la *direction et de l'inspection du service des hôpitaux.*

Le service de santé des armées devient une institution officielle.

---

(1) Xavier Audouin, *Histoire de l'administration de la guerre*, t. II, p. 65.

Au cours de la campagne d'Italie, un hôpital militaire temporaire comprend, d'après un état signé de Richelieu lui-même, 3 médecins, 5 chirurgiens et 2 pharmaciens.

L'édit du 15 janvier 1629 règle la solde. Nous y voyons que si les chirurgiens étaient rétribués par l'État, celui-ci cependant ne se livrait pas à des prodigalités folles envers ces utiles auxiliaires. Le chirurgien attaché à l'état-major d'un régiment touche 30 livres tous les 36 jours.

Pour prodiguer des soins à la compagnie de 200 hommes à laquelle il est attaché, le chirurgien-barbier se voit octroyer, pour la même période de 36 jours, la somme extravagante de 15 livres. Il jouissait (?) du même traitement que les tambours (1).

Quoi qu'il en soit, le progrès était évident. L'armée française venait d'être portée à plus de 100,000 hommes et la nécessité d'un service de secours se démontrait de plus en plus.

Lorsque les circonstances ou le défaut d'administration n'avaient pas encore permis la réglementation officielle d'un service sanitaire, les chefs et les soldats s'entendaient pour installer un hôpital et un service de secours. Nous ne citerons que deux exemples entre mille.

Lorsque la petite garnison française, qui occupait la ville de Casal sur le Pô, fut assiégée en 1630 par les troupes

---

(1) Voici l'état comparatif de la solde, décomptée par mois de 36 jours et payée d'avance par *prêt*.

INFANTERIE. *État-major d'un régiment* : mestre de camp, 500 livres ; sergent-major, 300 ; aide-major, 100 ; prévot de justice (en y comprenant ses officiers et archers), 340 ; commissaire à la conduite, 100 ; maréchal des logis, 60 ; aumônier, 30 ; *chirurgien*, 30.

Compagnie de 200 hommes : capitaine, 300 livres ; lieutenant, 100 ; enseigne, 75 ; 2 sergents, chacun 30 livres ; 3 caporaux, chacun 20 ; 6 anspessades, chacun 17 ; 45 appointés, chacun 15 ; 2 tambours, chacun 15 ; le *chirurgien-barbier*, 15 ; le fourrier, 15 ; 100 vieux soldats, chacun 12 ; 35 cadets, chacun 10. — Édit 15 janvier 1629.

espagnoles, commandées par le marquis de Spinola, tous les maux de la guerre vinrent fondre sur la malheureuse ville et sur l'armée qui devait la défendre.

Soit insuffisance, soit absence complète d'organisation sanitaire pour les blessés et les malades, la situation devint épouvantable dans la ville dévastée par la peste et encombrée par les blessés.

La situation devint si lamentable que le commandant en chef, M. Jean de Saint-Bonnet de Toiras, dut aviser à tant de maux et de désastres.

Les officiers des régiments se réunirent chez leur colonel respectif pour examiner ce qu'il conviendrait le mieux de faire, décident, après entente, d'organiser à frais communs des manières d'hôpitaux réglementaires.

On louera une maison. Un médecin sera attaché au régiment avec appointements de dix livres par cinq jours pour « médicamenter » les malades, puis un chirurgien aux mêmes appointements viendra panser les blessés deux fois par jour, apportera les onguents, « soignera et vantousera.

Enfin, un « apotiquaire fournira les drogues et médicaments » qui lui seront payés au fur et à mesure.

Dix hommes du régiment pour le service avec un total de soldes de 10 livres tous les cinq jours (1).

Le dénuement dans lequel s'était trouvée la garnison française de Casal peut se comprendre et s'expliquer par l'éloignement de la mère patrie et par l'état de formation ou de reconstitution récente du service sanitaire officiel dans les armées françaises.

Les autres armées européennes souffraient des mêmes maux dans des proportions bien plus grandes et l'initiative privée des chefs devait s'y exercer bien plus souvent.

---

(1) Louis Batiffol, *Au temps de Louis XIII*, pp. 335 et 336.

Nous prendrons donc le second exemple que nous avons dessein de citer dans la relation du siège d'Ostende par l'armée espagnole (1601-1604).

Chez les assiégeants, les blessés remplissaient les hôpitaux des villes à 10 lieues à la ronde ; les monastères, les couvents en avaient reçu ; les hôtelleries étaient pleines de gens de distinction qui avaient quelque blessure.

Dans toutes les villes des Flandres on confectionnait de la charpie, des linges, des bandes, des compresses ; l'infante Isabelle et toute sa cour donnaient l'exemple. Mais le service hospitalier laissait énormément à désirer : tous les régiments n'avaient pas de chirurgiens et ils manquaient plus souvent encore des choses les plus nécessaires aux blessés.

Quelques chefs de corps cependant avaient pris une initiative qui mérite d'être rapportée : à la date du 29 avril 1601, le colonel de Catris, alors en garnison à Thourout en Flandre, avait créé un hôpital composé d'un chirurgien-major et de son lieutenant, auquel fut réunie une chapelle avec deux chapelains et un sacristain entretenus aux frais du régiment. Chacun, officier et soldat, était libre de participer à cette institution ; mais du moment qu'il y avait consenti, il s'engageait à verser à chaque montre, c'est-à-dire à chaque payement de solde : le colonel 9 florins, le lieutenant-colonel 3 florins, le sergent-major 1 florin 11 sous 6 deniers, indépendamment des 5 florins qu'il devait comme capitaine, chaque capitaine 5 florins.

Les soldats étaient taxés : l'arquebusier à 5 sous, le corselet à 6 sous, le mousquetaire à 7 sous.

Indépendamment de ces contributions régulières, la caisse hospitalière bénéficiait encore : 1° du quarantième denier sur tout butin conquis ; 2° de l'héritage de tout soldat mort sans héritier connu, y compris la paye qui lui était due, à charge pour la chapelle de dire un service pour le repos de son âme ; 3° du tiers des confiscations sur les vivandiers qui n'auraient pas observé les règlements ; 4° des amendes pour blasphèmes, égales pour une première et une deuxième fois à la cotisation ordinaire pour l'hôpital ; le soldat coupable d'avoir blasphémé étant la troisième fois chassé du régiment après avoir eu la langue percée ; 5° des aumônes recueillies pendant les messes à la chapelle.

Les fonds étaient enfermés dans une caisse à trois serrures, dont les clés étaient remises au chapelain, au chirurgien-major et au quartier-maître.

Les dépenses étaient réglées de la manière suivante : le chapelain, indépendamment de son traitement ordinaire payé par l'État, recevait de la caisse hospitalière 6 florins par mois, le deuxième chapelain 4, le sacristain 2.

Le chirurgien recevait 3 florins par soldat soigné à l'hôpital, et le maître de l'hôpital autant, mais à la condition de fournir la nourriture et les médicaments et une femme pour soigner les malades.

Un chariot à trois chevaux transportait le bagage hospitalier, matelas et couvertures, avec une tente pour l'hôpital et un pavillon pour la chapelle.

Quand un régiment était divisé, le chirurgien-major avec le bagage marchait avec l'état-major, le deuxième chirurgien avec le reste du régiment. Dans ce cas, quand un soldat était malade, le deuxième chirurgien le conduisait à l'hôpital de la ville la plus voisine et payait 5 sous par jour pour sa nourriture.

Ce règlement, que signèrent tous les officiers du régiment et quatre hommes de chacun des douze enseignes pour leurs compagnons, fut mis en pratique au siège d'Ostende.

Après avoir cherché à établir son hôpital à Bruges, où il ne trouva pas d'emplacement convenable, le colonel de Catris finit par traiter avec un couvent de religieuses de Nieuport pour les soins à donner à ses blessés et sollicita un secours de l'archiduc Albert, les fonds recueillis n'étant plus alors suffisants. Peut-être fut-il plus tard obligé de traiter aussi avec Furnes, car ce fut dans cette ville qu'on le transporta lorsqu'il fut blessé, le 7 septembre, dans la tranchée qu'il dirigeait et ne quittait presque jamais (1).

Dans Ostende même, la ville assiégée, l'organisation médicale devait être des plus primitives, car, bien que l'histoire nous ait conservé les noms de deux médecins, Alexandre Courtmans, d'Anvers, et Moerbeke, de La Haye, qui s'y distinguèrent par leur dévouement (2), les blessés furent en majeure partie évacués par mer.

C'est le cas de Sir Francis Vere qui, blessé grièvement à la tête par l'éclatement d'une bouche à feu, fut transporté à Middelbourg en Zélande (3).

Lentement, bien lentement même, on commençait un peu partout à se préoccuper du sort des victimes de la guerre.

Il est cependant indéniable que ce fut la France qui, la première, eut l'honneur d'ériger un régime officiel.

A vrai dire il fut, principalement au début, insuffisant et incomplet.

C'est ainsi que nous en trouvons un bien triste exemple dans un récit qui se place à la fin de la guerre de Trente ans.

Après la bataille livrée à la suite de la prise de Fribourg (1644), on resta trois jours dans le camp, qui furent employés à faire rapporter à Brissach, par une partie des charrettes de l'armée, tous les officiers et les soldats qui avaient été blessés à ces deux grandes actions. Ce séjour

---

(1) Général Henrard, *Histoire du siège d'Ostende*, pp. 49-51.
(2) Idem, *op. cit.*, p. 62.
(3) Idem, *op. cit.*, p. 51.

fut terrible, car l'on demeura au milieu de tous les corps
morts : ce qui causa une telle infection que beaucoup de
gens en moururent ; mais il n'y avait pas moyen de faire
autrement : le mal était inévitable (1).

Il est à remarquer cependant que des faits de ce genre
ne se passent en général que lorsque les armées sont éloi-
gnées de la mère patrie, car la prévoyance de Richelieu a
pourvu le pays d'un certain nombre d'hôpitaux militaires
sédentaires.

De même, les ambulances, dont l'organisation fut reprise
et complétée, furent dirigées par un chirurgien en chef.
Celui-ci prend officiellement le titre de chirurgien-major
des camps et armées du Roy.

Voilà ce dont les organismes de secours en faveur des
traumatisés militaires sont redevables au règne de
Louis XIII.

Des perfectionnements notables allaient y être apportés
encore par Louis XIV.

Le Grand Roi signala son règne par des guerres conti-
nuelles, et ses armées acquirent un degré de perfectionnement très avancé.

Toutes les places fortes bâties par Vauban furent pour-
vues d'hôpitaux militaires. Il en fut de même des plus
simples garnisons.

La gloire militaire était hautement prisée et on n'obte-
nait guère d'emplois civils si on n'avait pas fait campagne.

Aussi une véritable émulation régnait-elle parmi les chirurgiens.

Ceux-ci voyaient enfin rendre justice à leur mérite scientifique ; leur victoire définitive était proche.

Nous parlerons plus loin de l'institution de l'Académie
de chirurgie, qui en fut la consécration. Les chirurgiens les

______

(1) A. GAULDRÉE-BOILLEAU, *op. cit.* p. 430.

plus en renom faisaient état de leur titre de chirurgien militaire.

Aucun chirurgien, d'ailleurs, n'aurait manqué de servir dans les camps ou dans les hôpitaux militaires.

J.-L. Petit se vantait d'avoir fait huit campagnes en qualité de chirurgien-major.

Outre le chirurgien-major de l'armée, chaque régiment a un chirurgien-major et des aides-majors.

De plus, un grand nombre d'autres chirurgiens sont attachés aux ambulances.

Les chirurgiens-majors et autres attachés aux hôpitaux militaires, sont choisis avec grand soin par l'autorité supérieure, parmi les praticiens les plus éminents et les plus habiles.

Il existe, de plus, un grade de *chirurgien consultant*, qui a la suprématie sur tous, même sur le chirurgien-major.

On le voit, c'est une véritable hiérarchie qui doit assurer l'excellence du service.

Rien n'est négligé pour que le service de secours atteigne le plus grand degré de perfection possible.

Malheureusement, si les chirurgiens s'efforçaient de maintenir le service de santé des armées à la hauteur du progrès de la science, ils étaient bien mal secondés par le personnel infirmier.

Celui-ci, recruté au hasard, peu fait pour la mission qui lui incombait, n'était, la plupart du temps, composé que de gens ignorants et grossiers, anciens laquais ou palefreniers qui, sachant panser un cheval, se croyaient aptes à panser les blessés.

La tâche des chirurgiens en était rendue plus pénible et, malgré tout leur zèle et toute leur bonne volonté, un nombre immense de traumatisés, ne sachant trouver assistance, végétaient misérablement.

La multiplicité des guerres et l'augmentation des effectifs avaient provoqué une recrudescence considérable du nombre des blessés et des invalides.

Les blessés incapables de se faire soigner et les estropiés ne pouvant subvenir à leurs besoins, revenaient en mendiant dans leur village.

Ils se traînaient lamentablement le long des routes en demandant l'aumône.

Couverts de haillons ou de débris de leur uniforme, ils ne tardaient pas à former une tourbe malfaisante, mendiant à mains armées ou se faisant parfois voleurs dangereux.

Sous le règne de Louis XIII, ils étaient devenus si nombreux et constituaient une telle nuisance, que Richelieu dut prendre des mesures énergiques. Il les fit enfermer comme vagabonds dans l'hôpital de la Pitié.

La cause de tout le mal résidait en grande partie dans la suppression de la Maison de Charité chrétienne du Faubourg Saint-Marceau, créée par Henri IV.

L'état des finances ne permettait pas de reconstituer immédiatement cette institution.

Louis XIII et Richelieu firent cependant de louables efforts pour améliorer la situation.

Nous avons dit au chapitre précédent que Henri IV avait converti la charge d'entretien d'un « oblat » en une pension annuelle de 60 livres.

En 1629, s'occupant à nouveau de la question, Louis XIII, par un premier édit, taxa cette obligation à 100 livres.

Sur son ordre un nouveau recensement général des places d'oblats fut fait dans tout le royaume et les soldats blessés au siège de la Rochelle furent avantagés.

Le clergé s'éleva vivement, mais en vain, contre les ordres royaux.

En 1633, nouvelle ordonnance qui marque un grand progrès sur la précédente.

Il y est dit que l'existence des vétérans est devenue

pénible et déshonorante. L'institution des « oblats », qui s'est maintenue durant de nombreux siècles au sein des monastères, est tombée en désuétude et prête à de nombreux abus.

Il convient que le Roi s'occupe avec sollicitude des conditions matérielles d'existence des vieux serviteurs mutilés au service du pays.

En conséquence, le cardinal duc de Richelieu est chargé d'organiser une Communauté ou Ordre de chevalerie qui prendra le titre de Commanderie de Saint-Louis. Il est chargé de faire bâtir ou de désigner le bâtiment qui doit abriter la nouvelle institution, d'en faire la police et d'en dresser les statuts.

Ceux-ci stipulent que : « Tous ceux qui feraient voir par » de bonnes preuves ou attestations qu'ils ont été estropiés » à la guerre, pour le service du Roi, seront reçus et admis » pour y être nourris et entretenus le reste de leurs jours » de toutes les choses nécessaires à la vie. »

La Commanderie de Saint-Louis, qui marque une si importante étape dans la constitution définitive d'une maison de retraite pour les invalides, fut installée au château de Bicêtre.

Des mesures financières spéciales furent prises.

Les redevances dues par les communautés religieuses furent strictement réglementées (1).

---

(1) Pour subvenir à l'entretien de la Commanderie de Saint-Louis, il est décrété que chaque abbaye du royaume et tout prieuré dont le revenu excédera la somme de 2,000 livres, payera chaque année, à partir du 1er janvier 1634, la somme de 100 livres.

Ce seront les receveurs particuliers des décimes de chaque diocèse qui percevront cet impôt moyennant 3 livres pour leurs frais et le transmettront au receveur général. Afin qu'aucune abbaye et qu'aucun prieuré n'échappent à la redevance, Louis XIII, dans la dernière partie de son ordonnance, prescrit un nouveau recensement général des communautés du royaume.

Ce sont les baillis, sénéchaux, prévôts, lieutenants et autres juges royaux

Cependant un nombre assez restreint de pensionnaires pouvaient être admis à la Commanderie de Saint-Louis en raison des ressources financières insuffisantes qui pouvaient y être affectées.

La mort de Louis XIII vint porter un nouveau coup à l'institution. Les travaux de construction en cours d'exécution furent suspendus. Les vétérans furent transférés à l'hôpital général de la Salpêtrière où ils durent se livrer à des travaux manuels pour subvenir à leur entretien.

Heureusement, Louis XIV, soucieux de la gloire de son règne, voulut, entre autres institutions, attacher son nom à une œuvre de haute philanthropie.

Reprenant l'idée de son glorieux ancêtre Henri IV et continuant l'œuvre de son père, il fonda l'Hôtel Royal des Invalides, destiné à recevoir les officiers et les soldats blessés et rendus infirmes et impotents au service du pays.

Dès le début de son règne, il s'était préoccupé du sort des vétérans et il avait repris contre les congrégations religieuses l'éternelle lutte pour leur entretien (1).

---

qui dresseront un état exact de ces communautés qu'ils transmettront au garde des sceaux Séguier.

En attendant l'organisation complète de la Commanderie, Louis XIII ordonne que le receveur général paye à tout serviteur ayant pension assignée sur quelque abbaye, une pension annuelle de 100 livres, de quartier en quartier. .

Le décret royal du fils de Henri IV ne fut pas une lettre morte : le cardinal s'occupa tout de suite et activement de sa prompte, bonne et efficace exécution.

Louis XIII ayant fait présent au vainqueur de La Rochelle d'un fond considérable provenant des amendes imposées à de riches usuriers juifs et chrétiens, celui-ci affecta cette somme à l'appropriation des bâtiments destinés à la nouvelle Commanderie. (AUGUSTE SOLLARD, *Histoire de l'hôtel royal des Invalides*, t. Ier, pp. 40 et 41.)

(1) Ainsi, en janvier 1670, étant à Saint-Germain-en-Laye, Louis XIV avait donné une déclaration royale qui augmentait de 50 livres les pensions des

Il s'appliqua à doter la nouvelle institution de règlements qui devaient en assurer la vitalité.

Fier, à juste titre, de son œuvre, il voulut que ses seules ressources fussent assurées par l'État. Il fit de l'existence de l'Hôtel des Invalides une dépendance exclusive de la royauté et lui défendit de recevoir des legs particuliers.

---

religieux lais et les portait de la sorte au chiffre de 150 livres. Cette pension doit être payée aux titulaires par quartiers.

Les considérations sur lesquelles le Roi s'appuie dans cette ordonnance sont les mêmes, à peu de chose près, que celles contenues dans plusieurs déclarations de Henri IV et Louis XIII.

Cette déclaration royale fut rendue sur le rapport de Louvois. Bientôt parut un arrêté du conseil du Roi, concernant la même matière.

Il était bien évident que tant que les abbayes payeraient elles-mêmes aux religieux lais leur modique pension, il y aurait une foule d'abus. L'arrêt du conseil y porta remède. Il ordonna qu'à dater du 1er février sui-vant, les chapitres eussent à verser entre les mains du receveur général du clergé le montant des pensions que devait chacun d'eux. Il ordonna aussi une revue générale des titres des pensionnaires.

Enfin, dans une Ordonnance du 24 février de la même année, Sa Majesté, pour mettre fin à tous les abus, déclara l'intention dans laquelle elle était d'établir un Hôtel Royal où seraient entretenus les soldats blessés ou estropiés à la guerre ou vieillis dans le service.

Deux parts seront faites du fond provenant des sommes versées par les chapitres. L'une servira à *l'entretènement* des soldats dans le dit hôtel, l'autre servira à payer des pensions aux officiers, pensions ainsi fixées : chaque capitaine 200 livres, chaque lieutenant ou officier subalterne 150 livres, chaque sergent 50 livres.

La même ordonnance établit les titres en vertu desquels on jouira des pensions et s'occupe des vacances et des mutations. Elle fut lue publiquement à la tête des corps et compagnies d'infanterie qu'elle regardait en particulier.

On marchait évidemment dans une meilleure voie, mais le but n'était pas encore atteint. Il fallait y arriver. Les mesures se succédèrent avec rapidité. Le 12 mars de la même année 1670, il fut ordonné qu'il serait fait, sur le payement de l'ordinaire et de l'extraordinaire des guerres, une rete-nue de 2 deniers pour livre.

On devait appliquer les fonds qui proviendraient de cette retenue à la la construction et à l'ameublement de l'hôtel dont il était fait mention dans l'ordonnance de février.

Enfin, le 15 avril, la construction de l'Hôtel Royal des Invalides fut

Dans son testament, il exhorta ses successeurs « à le soutenir et à lui accorder une protection particulière ».

Nous ne suivrons pas l'Hôtel des Invalides dans les multiples phases de son existence.

Ce travail a d'ailleurs été magistralement fait par

---

annoncée par un nouveau décret-royal comme un projet entièrement arrêté.

En attendant, le prince décidait qu'il serait loué, pour donner commencement à l'institution, un vaste local dans le faubourg Saint-Germain, où l'on donnerait asile aux officiers et soldats incapables de servir.

. . . .

On aura peine à croire aujourd'hui, avec les idées que nous nous faisons du pouvoir absolu de Louis XIV, on aura peine à croire que la partie fondamentale des ordonnances dont nous venons de nous occuper, n'ait point été exécutée. Cela eut lieu pourtant.

Les chapitres religieux ne payèrent point entre les mains du receveur général du clergé la redevance voulue par le Roi. Celui-ci se vit contraint de renouveler son décret à cet égard par un arrêté du conseil d'État en date du 15 janvier 1671 ; le langage de cet arrêté fut comminatoire : les abbés et prieurs qui oseraient se soustraire à l'ordonnance devaient être contraints au payement exigé et cela par voie de saisie et de vente de leurs biens.

Il était défendu au Parlement de s'occuper de l'affaire.

On considérait comme non avenue toute réclamation qui y aurait trait.

Malgré ce langage comminatoire, les conseillers de la Couronne se virent forcés de faire signer au Roi, le 27 août et le 26 septembre 1671, deux arrêtés qui confirmaient ce dernier. Ce ne fut pas encore assez ; ne pouvant échapper directement aux ordres royaux, les uns, parmi les chapitres, prétendaient avoir payé directement aux religieux lais la somme demandée ; les autres prétendaient que les princes prédécesseurs de Louis XIV les avaient exemptés, tous firent des difficultés. Quelques-uns même surprirent au conseil privé et au grand conseil des arrêts favorables.

La patience de Louvois et celle du monarque furent à bout. Il fallut en finir avec toutes ces mauvaises volontés. C'est pourquoi le 27 avril 1672, parut un dernier arrêté du conseil qui enjoignit à tout abbé et prieur d'abbaye ou de prieuré à la nomination royale et d'un revenu de 1,000 livres, de payer immédiatement 150 livres pour les années 1670 et 1671 et de continuer ce payement annuel.

Cette fois on obéit et les constructions de l'Hôtel Royal des Invalides commencèrent. En attendant, on entretint les vétérans de l'État

M. Auguste Sollard, dans son *Histoire de l'hôtel royal des Invalides, depuis sa fondation jusqu'à nos jours* (1).

Ajoutons toutefois que la multiplicité des vétérans dignes d'être secourus fut bientôt telle que l'on dut créer des succursales en province.

A certaines époques, il y eut jusque 164 détachements d'invalides, dispersés dans les villes et forteresses du royaume.

L'œuvre si hautement charitable, résultat des efforts de trois générations de monarques français, eut en Europe une répercussion considérable.

Le roi d'Angleterre, Guillaume d'Orange, s'empressa d'imiter son éternel rival, Louis XIV.

Il consacra son château de Greenwich à l'entretien des matelots invalides.

Dans cette charitable institution, qui fut généreusement donnée à la nation anglaise, 6,000 vétérans purent trouver asile.

Au siècle suivant, Frédéric II, roi de Prusse, fit ériger un Hôtel des Invalides.

Les plans et les règlements généraux de l'établissement des bords de la Sprée furent calqués sur ceux de l'institution des bords de la Seine.

Celle-ci servit également de modèle à Catherine II de Russie, lorsqu'elle créa une institution analogue à Saint-Pétersbourg.

De même qu'elle servit de modèle aux autres nations pour la création de refuges pour invalides, la France marcha tou-

---

dans une grande maison de la rue du Cherche-Midi, près de la Croix-Rouge.

Enfin on put disposer les travaux de l'hôtel projeté : on les confia, sous la direction de Louvois et des frères Camus, aux soins du célèbre architecte Libéral Bruand. (AUGUSTE SOLLARD, *op. cit.*, t. Ier, pp. 45-51.)

(1) Deux volumes, Paris 1845.

jours en tête pour l'excellence et la perfection du service de santé en général.

L'édit du 17 janvier 1708 expose en termes remarquables (1) les grands progrès faits par les hôpitaux militaires et fixe la base de la formation du corps permanent des officiers de santé militaire (2).

Le service est organisé — et c'est une innovation des plus heureuses — de telle façon que, indépendamment du service en temps de paix, le cadre des officiers de santé soit à même de pourvoir aux besoins les plus urgents en temps de guerre.

Par suite d'améliorations successives, le système fut encore perfectionné et jusqu'en 1788, date où se place la refonte de l'institution, des innovations très intéressantes

---

(1) Les services importants que nos troupes Nous rendent, Nous engageant de veiller à leur conservation et soulagement dans leurs maladies et blessures, Nous avons cru ne le pouvoir faire d'une manière plus avantageuse pour elles, qu'en établissant pour toujours à la suite de nos armées et dans les hôpitaux et nos places de guerre, des médecins généraux et particuliers à titre d'office, qui aient les connaissances nécessaires pour bien panser et médicamenter les officiers et soldats qui sont malades ou blessés et de n'en admettre aucun que ceux qui auraient été approuvés par nos premiers médecins et chirurgiens ; l'emploi desquels étant certain, et leur service continuel auprès de ces mêmes corps de troupes ou dans un même hôpital, ils seraient plus en état de secourir plus utilement les malades et blessés que ceux qui servent par commission, lesquels ne peuvent pas acquérir la même expérience et capacité, et ne servent pas avec autant d'affection qu'ils feraient si leur service était continuel et assuré. (*Édit du Roi* portant création d'offices de conseillers de Sa Majesté, médecins et chirurgiens, inspecteurs généraux et majors à la suite des armées dans tous les hôpitaux des villes frontières et anciens régiments [17 janvier 1708].)

(2) Le personnel permanent des officiers de santé militaire créé par l'édit de 1708 comporte : 4 médecins inspecteurs généraux conseillers du Roi, 50 conseillers médecins-majors pour hôpitaux, 4 conseillers chirurgiens inspecteurs généraux, 4 chirurgiens-majors des camps et armées et 138 chirurgiens-majors divisés en deux catégories pour hôpitaux et pour régiments. Total 200 formant quatre degrés dans la hiérarchie. Des prérogatives honorifiques et des immunités assez étendues étaient attachées à ces offices. (BÉGIN, *Études sur le service de santé militaire en France*, p. 4.'

maintiennent l'administration française à la tête de toutes les nations européennes.

C'est ainsi que nous voyons instituer par le ministère de la guerre un comité consultatif chargé de diriger le service de santé. Il était présidé par un inspecteur général et était composé de cinq médecins inspecteurs.

L'ensemble de l'organisation comprenait soixante-dix hôpitaux militaires, soixante hôpitaux de charité subsidiés par le Roi et un service d'ambulance adjoint à des hôpitaux sédentaires. On créa même des hôpitaux thermaux à l'usage des soldats convalescents.

Le service de santé en campagne fut organisé d'une manière presque parfaite et l'organisation actuelle n'a pu qu'y apporter des changements de pur détail.

L'ordonnance du **20** juillet 1788 prescrivit que l'hôpital ambulant recevrait les blessés, qu'on évacuerait sur l'hôpital sédentaire établi le plus près possible de l'armée dès que leur état le permettrait.

Ensuite, de l'hôpital sédentaire les blessés étaient dirigés sur l'hôpital intérieur le plus rapproché. Quant aux soldats blessés légèrement, on les installait dans la ville où l'hôpital était établi, dans des chambres et sous une surveillance spéciale.

Indépendamment de l'institution en 1731 de l'Académie de chirurgie qui consacra d'une manière définitive le triomphe de la science chirurgicale en butte depuis des siècles à l'envie et à l'esprit de dénigrement de la Faculté de médecine, le recrutement des chirurgiens militaires fut assuré par la fondation, en **1772**, d' « amphithéâtres » où professaient les chirurgiens-majors des grands hôpitaux régionaux (1).

Dès le XVIIe siècle, le nombre des chirurgiens fut d'ailleurs

---

(1) Les amphithéâtres furent installés à Brest, Toulon, Lille, Strasbourg et Metz.

assez élevé, puisque lors de la bataille de Seneffe en Flandre, livrée par le prince de Condé en 1674, on put envoyer de Paris deux cents chirurgiens.

La science et la valeur des chirurgiens français furent légitimement appréciées à l'étranger.

C'est ainsi que lorsque Frédéric II organisa le service de santé dans les armées prussiennes, il ne crut pas pouvoir faire mieux que d'y créer deux places de « chirurgiens français » (1).

Sous l'impulsion de la chirurgie française, il se fit de notables progrès dans presque tous les pays de l'Europe, et la situation matérielle et morale des blessés et des invalides s'améliora dans de notables proportions.

L'Allemagne n'avait guère eu au xviie siècle qu'une seule notabilité scientifique à citer, *Purmann*, qui fut chirurgien-major des armées de l'Électeur de Brandebourg. Il professa à Breslau.

Au xviiie siècle elle n'était pas encore bien riche en chirurgiens militaires.

Après que Frédéric II eut pris l'initiative d'appeler en Prusse des chirurgiens français, le service chirurgical des armées prit une remarquable efflorescence.

L'Italie qui, au moyen âge, voyait son enseignement scientifique briller d'un si vif éclat, se laissa distancer au xviie et dépasser au xviiie siècle par la France.

L'Angleterre qui avait déjà au xviie siècle quelques praticiens de valeur, organisa dans ses armées, au xviiie siècle, un service de secours assez complet.

La Hollande se soutint toujours modestement à la hauteur du progrès. Elle eut au xviie siècle le chirurgien *Diemerbrook* et, au siècle suivant, *Jacob van der Haar*, qui tous deux se distinguèrent aux armées.

____

(1) X. AUDOUIN, *op. cit.*, p. 242.

La Belgique eut un chirurgien qui consigna des observations personnelles prises pendant quelques campagnes auxquelles il assista C'est *Faudacq*, de Namur.

En Suède, le chirurgien-major du régiment de la noblesse alla se perfectionner en France. Il suivit les campagnes de 1743 et 1744.

L'Espagne, le Portugal et la Russie n'eurent rien ou presque rien. Il est tout au moins certain qu'aucun chirurgien ne consigna des observations quelconques.

Quant à l'Autriche, ce n'est guère que sous l'influence de Joseph II qu'elle se mit à la hauteur du progrès. Il est d'ailleurs à remarquer que si au XVIIe siècle il y avait à la Cour ou à l'armée, à la suite de quelques grands seigneurs, des chirurgiens de quelque valeur, ils étaient en majeure partie étrangers ou n'avaient tout au moins pas fait leurs études dans le pays.

L'Autriche ne possédait aucune organisation sanitaire des armées et, fait plus extraordinaire, aucun hôpital (1).

La situation cependant s'améliora sous Marie-Thérèse et sous Philippe II.

Les hôpitaux militaires furent principalement en France l'objet des soins les plus attentifs.

A vrai dire, le service administratif des hôpitaux laissa toujours à désirer.

La cause du mal résidait dans le système d'organisation.

Les hôpitaux, tant militaires que civils, n'étaient pas comme de nos jours administrés par le pouvoir central.

L'administration était confiée à des particuliers qui, est-il besoin de le faire remarquer, se souciaient plus de leurs intérêts particuliers que de l'intérêt des malades et des blessés.

Bien souvent, malgré les allocations spéciales octroyées

----

(1) E. Delorme, *op. cit.*, t. Ier, *passim*.

en cas de nécessité urgente, l'intérèt privé des entrepreneurs l'emportait sur toute considération d'humanité (1).

Il est cependant à remarquer, et le cas mérite d'être signalé dans la présente étude, que les hôpitaux militaires furent beaucoup mieux entretenus et surveillés que les hôpitaux civils.

En 1789, le premier médecin des armées, Coste, signalait dans un mémoire adressé à Louis XVI, que s'il mourait un malade sur trois à l'Hôtel-Dieu, il n'en mourait qu'un sur quarante dans les hôpitaux militaires (2).

L'incurie qui régnait dans les hôpitaux civils atteignait parfois au scandale.

En 1773, lorsque Joseph II passa six semaines à Paris, il visita l'Hôtel-Dieu et fut indigné d'y trouver dans un même lit, un malade, un agonisant et un mort couchés côte à côte.

En 1786, le rapport d'une commission nommée par l'Académie des sciences, signala l'existence de lits dans lesquels se trouvaient six malades à l'hôpital de la Charité ; ce n'est qu'en 1786 qu'on songea à chauffer les salles.

Pendant les hivers rigoureux les malades avaient souvent le nez ou les oreilles gelés (3).

Sans plus de façon, on leur en faisait immédiatement l'amputation (4).

Des faits de ce genre ne se passaient pas dans les hôpitaux militaires qui, nous l'avons dit, étaient mieux surveillés et entretenus.

Dans un parallèle fait entre les hôpitaux militaires fran-

---

(1) A. Gauldrée Boilleau, *op. cit.*, p. 437.

(2) X. Audouin, *op. cit.*, t. IV, p. 243.

(3) A. Franklin, *op. cit. Variétés chirurgicales, passim.*

(4) Ambroise Paré raconte qu'étant encore apprenti, au cours d'un hiver rigoureux, quatre malades ayant eu le bout du nez gelé, ce fut lui qui fit l'amputation. (*Les Chirurgiens*, p. 50.)

çais et anglais, nous relevons au cours d'une statistique établie depuis l'année 1783 jusqu'en 1787, qu'en France il mourut un soldat sur quarante-deux entrées dans les hôpitaux et à l'hôpital d'Édimbourg un sur vingt-cinq (1).

Il va sans dire que l'amélioration considérable du sort des victimes de la guerre était le résultat de mœurs plus douces et d'un altruisme plus développé.

Turenne, pendant sa jeunesse, alors qu'il ne commandait encore qu'une compagnie, vit au cours d'une retraite que le mauvais état du service d'ambulance condamnait à périr sans secours, une foule de blessés.

Il donna aussitôt l'ordre de débarrasser tous les fourgons, en jetant les bagages qu'ils contenaient, pour que les blessés pussent y prendre place.

Rencontrant plus loin un blessé abandonné le long de la route, il mit pied à terre et, relevant le pauvre soldat, il le plaça commodément sur son cheval, qu'il conduisit lui-même par la bride jusqu'au village voisin.

Blessé au cours de la bataille d'Ettingen, le duc de Cumberland, fils du roi d'Angleterre, aperçut, pendant qu'on le pansait, un blessé français que les chirurgiens avaient négligé pour s'empresser autour du prince.

« Commencez, dit-il à ceux qui le soignaient, par sou-
» lager cet officier français, il est plus blessé que moi, il
» manquerait de secours et je n'en manquerai pas (2). »

Voltaire, au cours de la narration de la bataille de Fontenoy (3), raconte que Louis XV ordonnant qu'on prît soin des blessés, stipula qu'on traitât les ennemis comme ses propres sujets.

Jamais, continue le narrateur, depuis qu'on fait la

---

(1) X. Audouin, *op. cit.*, p. 244.
(2) Idem, *op. cit.*, t. IV, pp. 231 et 232.
(3) Voltaire, *Siècle de Louis XV*, chap. xv.

guerre, on n'avait pourvu avec plus de soin à soulager les maux attachés à ce fléau. Il y avait des hôpitaux préparés dans toutes les villes voisines, et surtout à Lille ; les églises mêmes étaient employées à cet usage digne d'elles ; non seulement aucun secours, mais encore aucune commodité ne manqua, ni aux Français, ni à leurs prisonniers blessés. Le zèle même des citoyens alla trop loin ; on ne cessait d'apporter de tous côtés, aux malades, des aliments délicats et les médecins des hôpitaux furent obligés de mettre un frein à cet excès dangereux de bonne volonté. Enfin, les hôpitaux étaient si bien servis que presque tous les officiers aimaient mieux y être traités que chez des particuliers.

Ajoutons que l'organisation sanitaire s'était étendue à la marine française et qu'au début de la seconde moitié du xviiie siècle, chaque escadre française fut suivie par un vaisseau hospitalier vers lequel chaque bâtiment dirigeait les blessés ou les malades.

Les autres marines européennes ne tardèrent pas à imiter cet exemple.

Enfin, lorsque Louis XVI envoya Lafayette soutenir les colonies américaines en lutte contre l'Angleterre, les chirurgiens français plus réputés, ayant à leur tête Robillard, s'empressèrent d'aller organiser le service de secours dans le nouveau monde.

*
* *

Les progrès que firent les idées humanitaires au cours des xviie et xviiie siècles furent absolument remarquables.

Une évolution extraordinaire s'opéra dans un temps relativement court.

L'organisation des services de secours, d'assistance et de refuges pour les victimes de la guerre acquit un degré avancé de perfection, résultat indéniable des progrès de la science.

Il est hors de conteste que c'est à la pratique des champs de bataille que la chirurgie doit de s'être perfectionnée et d'avoir pu conquérir sa place dans le monde scientifique.

Par contre, c'est à la ténacité et à la belle vaillance des chirurgiens que l'humanité est redevable de l'amélioration du sort des traumatisés militaires.

La création des ambulances et des hôpitaux militaires est due aux progrès de la science chirurgicale.

Notre époque n'a fait que perfectionner les organismes qui furent créés pendant les deux siècles qui précédèrent la Révolution Française.

QUATRIÈME PARTIE

LA PÉRIODE CONTEMPORAINE

CHAPITRE Ier

Percy, Larrey et le Service de santé pendant les guerres de la République et de l'Empire.

La réorganisation du service de santé en France et la Révolution. — Sollicitude envers les organismes de secours. — La Convention et les « couteliers ». — Instauration du système de la régie dans l'administration des hôpitaux. — Autonomie du service de santé militaire. — Éloquent rapport de Fourcroy. — Pertes des officiers de santé. — Recrutement du personnel médical. — Le chirurgien Percy. — Ses grades successifs. — Imperfection des voitures d'ambulance. — Initiative de Percy à ce sujet. — Le *Würst*. — Percy propose de neutraliser les blessés. — Il sauve l'officier du génie Lacroix au pont de Mannheim. — Percy, inspecteur général du service de santé. — Il est nommé baron. — Incurie et prévarication des intendants. — Création de la « compagnie d'infirmiers ». — Percy, chirurgien consultant de Louis XVIII. — Percy, député. — Sa mort. — Le chirurgien Larrey. — Sa jeunesse. — Il est nommé chirurgien-major de la marine. — Préludes de la Révolution. — L'émeute Réveillon et la Prise de la Bastille. — Chirurgien aide-major de l'armée du Rhin. — Sa fougue à la prise de Spire. — Description des anciennes ambulances. — Larrey crée les « ambulances volantes ». — Avantages de cette innovation. — Larrey en Italie, en Égypte et en Syrie. — Brillants exploits du service sanitaire. — Bonaparte ambulancier. — Larrey, chirurgien en chef de la garde consulaire et inspecteur général du service de santé. — Dévouement et ingéniosité de Larrey. — Le bouillon de cheval de l'île de Lobau. — Larrey l'idole du soldat. — Passage de la Bérésina. — Larrey et Wellington. — Reconnaissance de Blücher. — Larrey anobli. — Ses dernières années et sa mort. — La chirurgie militaire en Autriche. — Siebold. — État lamentable du service de santé en Espagne. — Le service de santé en Angleterre, en Russie et dans les petits États allemands. — Les chirurgiens militaires prussiens. — Goercke. — Excellence de l'organisation du service de santé en Prusse. — Progrès des idées humanitaires.

Lorsque se firent entendre les premiers grondements de la Révolution, le service médico-chirurgical de l'armée française était en pleine réorganisation.

Le règlement de 1788 avait supprimé les hôpitaux militaires qui devaient être remplacés par des hôpitaux régimentaires.

On comprendra aisément que la période de troubles et de désordres que traversait la France, en jetant une perturbation dans tous les services administratifs, devait nuire considérablement à la création d'organismes nouveaux.

Cependant dès 1792, au début de cette formidable période de guerres qui pendant vingt-trois ans allaient bouleverser et ensanglanter l'Europe, le gouvernement décréta la formation d'hôpitaux militaires ambulants et sédentaires.

On réquisitionne les églises et autres édifices publics ainsi que les couvents, les somptueuses demeures et les châteaux abandonnés par les émigrés.

Le mobilier qui les garnit est largement mis à contribution et augmenté dans de notables proportions par les dons patriotiques des particuliers et des pouvoirs publics.

Dans un élan magnifique, la nation comprend les devoirs qui lui incombent vis-à-vis de ceux qui la défendent.

Ce n'est plus au bon plaisir des rois que les soldats blessés doivent les soins qu'on leur prodigue. Un nouvel état de choses est né. C'est la nation tout entière qui contracte envers ses enfants, en même temps qu'une dette de reconnaissance, l'obligation morale de soulager les maux auxquels ils s'exposent pour elle.

La Convention nationale, s'inspirant des plus nobles sentiments, est, de tous les régimes, celui qui fit le plus pour l'amélioration du service de santé.

Les moindres détails avaient attiré son attention. C'est ainsi qu'un décret du 16 ventôse An II (1) s'occupe du *coutelier*, qui était chargé aux ambulances de l'entretien des instruments de chirurgie (2).

Plus tard, le *coutelier* disparut des règlements. Il ne nous appartient pas de discuter son importance ou son utilité. Nous désirons simplement donner une preuve de la sollicitude des pouvoirs publics pour tout ce qui concernait les ambulances.

Le déplorable système d'administration des hôpitaux, l'*entreprise*, dont nous avons fait valoir tous les désavantages, au chapitre précédent, fut supprimé et remplacé par le système de la *régie*.

L'instruction du 16 ventôse An III dit en substance : « La République ne veut rien épargner pour le rétablisse- » ment de ses défenseurs. Elle entend seulement que toutes » les dépenses qu'elle y destine tournent véritablement à » leur avantage. » ·

La Convention vote l'autonomie du Service de santé, mesure excellente que, malheureusement, un funeste règlement allait abroger en l'An IV.

Nous ne nous étendrons pas sur cette question trop spéciale et qui a été longuement et minutieusement étudiée dans nombre d'ouvrages spéciaux.

---

(1) Décret du 16 ventôse An II, tit. XXIII, art. 1ᵉʳ.

(2) A l'effet de prévenir la moindre négligence dans l'entretien des instruments de chirurgie et d'obvier à toutes les difficultés qui peuvent s'y rapporter, il sera établi, dit le règlement de l'An IV, à la suite de chaque hôpital ambulant, un coutelier expert dans cette partie. Il sera, quant à son travail, sous les ordres immédiats du chirurgien en chef. Il accompagnera toujours le caisson chargé de ses outils et des caisses d'instruments en réparation. Dans le cas où il ne pourrait seul subvenir à son travail, un ouvrier pourra lui être adjoint. *Règlement du 30 floréal An IV, sect. 3, tit. VII, § 1ᵉʳ.* Les mêmes prescriptions sont reproduites dans l'arrête du 24 thermidor An VIII, art. 381-385. (L. J. BÉGIN, *Études sur le service de santé militaire en France,* p. 177.)

D'importantes mesures furent prises pour assurer le recrutement du corps de santé, qui, faut-il le dire, se montra, dès les débuts de la Révolution, à la hauteur de sa tache et des terribles événements qui se déroulaient.

C'est ainsi que nous empruntons à un rapport présenté par Fourcroy le 27 novembre 1794, ces lignes émouvantes, où l'éloquence du style le dispute à la délicatesse de la pensée :

« La Convention apprendra avec sensibilité que plus de
» 600 officiers de santé ont péri depuis dix-huit mois, au
» milieu et à la suite même des fonctions qu'ils exerçaient ;
» si c'est une gloire pour eux qu'ils soient morts en servant
» la patrie, c'est un besoin pour la République de réparer
» cette perte. »

En 1790, le corps des officiers de santé comprenait 4,000 membres ; en 1794, il en comprenait 8,000.

Il va sans dire que le service sanitaire, surtout au début, se ressentit de la hâte avec laquelle toute l'administration du pays avait été réorganisée.

La Convention avait déployé des prodiges d'activité et elle avait, entre autres soucis, dû organiser quatorze armées.

Il devait forcément subsister des lacunes et des imperfections dans ces multiples rouages.

Les mesures prises pour assurer le recrutement des membres du personnel sanitaire des armées, prescrivaient que médecins, chirurgiens ou pharmaciens âgés de plus de dix-huit ans et de moins de quarante ans, seraient mis à la disposition du ministère de la guerre.

Cependant pour empêcher l'intrusion des empiriques et pour élever autant que possible le niveau scientifique du service médico-chirurgical, la Convention nationale décréta que pour être admis à remplir un emploi quelconque dans les hôpitaux militaires ou dans les camps, il fallait en avoir été jugé digne par ses capacités. Chacun dut fournir des renseignements précis sur ses ouvrages et ses aptitudes techniques et d'autres indications personnelles. Les plus célèbres praticiens se plièrent de bonne grâce à cette excellente mesure.

Le dévouement, l'abnégation du corps médico-chirurgical pendant les terribles campagnes de la République et de l'Empire est, sans conteste, au-dessus de tout éloge. Exposer en détail l'historique des hauts faits de ces obscurs héros, serait une tâche au-dessus de nos forces.

Nous nous contenterons de faire ici un essai de biographie des deux grands chirurgiens qui dirigèrent le service de santé en France pendant les grandes guerres et qui sont les prototypes les plus parfaits du chirurgien d'armées.

L'histoire ne peut citer qu'avec vénération les noms de Percy et de Larrey.

En les honorant, l'humanité honore tous ces humbles et modestes savants qui, à leurs côtés et sous leur direction, au milieu des horreurs des champs de carnage, apportaient aux malheureuses victimes, les secours de la science.

Pierre-François Percy naquit à Montagney-lez-Pesmes, village du département de la Haute-Saône, le 28 octobre 1754, d'un père ancien chirurgien-major des armées.

Après de solides études à Besançon, il fut reçu docteur à vingt et un ans.

Il prit immédiatement du service dans l'armée. On eût dit qu'une irrésistible vocation le poussait dans la voie où il devait s'illustrer si brillamment.

Successivement aide-major à la Compagnie Écossaise de Lunéville en 1766, chirurgien-major au Régiment de Berry-Cavalerie à Béthune en 1782, il fut en janvier 1789 nommé chirurgien en chef de Flandre et d'Artois.

Pendant toute cette époque il publia plusieurs mémoires sur différents sujets intéressant son art, et l'Académie de chirurgie récompensa sa remarquable activité scientifique en le couronnant quatre fois.

Les événements révolutionnaires ne le détournèrent pas de ses travaux de cabinet, mais, dès le commencement de

PIERRE-FRANÇOIS PERCY.

la campagne, un nouveau champ d'action s'ouvrit à son activité.

Nommé en juin 1792, chirurgien consultant de l'Armée du Nord, il rejoignit l'armée à Valenciennes et passa l'année suivante à l'Armée de la Moselle où il se distingua brillamment. C'est là qu'il eut l'occasion de mettre en pratique une de ses conceptions qui constitua pour le service de santé une innovation des plus heureuses.

Le règlement de 1788 avait pourvu le service des ambulances de voitures suspendues disposées d'une façon spéciale. Cependant lorsqu'on voulut le mettre en pratique, cet équipage d'ambulance se montra fort lourd, passablement encombrant et surtout incapable de suivre les opérations des troupes dès qu'elles étaient un peu rapides.

Les officiers de santé se morfondaient à la suite d'un matériel qu'arrêtaient les moindres difficultés du terrain. Le nombre des blessés périssant faute de soins immédiats était considérable et les chirurgiens étaient légitimement émus de conditions matérielles aussi désavantageuses pour l'efficacité de leurs soins.

Percy et Larrey, chacun dans leur sphère d'actions, se préoccupèrent d'améliorer cette situation.

Nous reviendrons plus loin sur les dispositions qui furent prises par Larrey dès 1793, nous dirons pour le moment que Percy imagina une sorte de petite voiture basse et surtout fort étroite, de manière que sur la longueur huit chirurgiens au moins pussent se tenir à califourchon.

De chaque côté était disposée une sorte d'appui où se posaient les pieds. Il est inutile de faire observer combien la position qu'occupaient les chirurgiens sur cette voiture était incommode et même grotesque.

A l'avant et à l'arrière étaient disposés des coffres qui pouvaient contenir des appareils et objets de pansements pour douze cents blessés.

Quatre soldats infirmiers prenaient place sur ces coffres et quatre autres montaient les chevaux de l'attelage, lesquels étaient au nombre de six. La voiture transportait également des brancards.

Ce dispositif, bien que constituant un progrès, était

encore fort pesant, assez difficile à conduire et offrait ce considérable inconvénient de ne pouvoir contribuer au transport des blessés ; il fut appelé *Würst*.

Il n'eut qu'une existence éphémère et le *Würst*, qui ne fut mis en usage qu'à l'Armée du Rhin, disparut assez rapidement.

Toujours préoccupé de la condition matérielle des blessés, Percy proposa au cours de la campagne de 1800, au général

PERCY A LA TÊTE D'UN WÜRST, d'après le tableau de DUPLESSIS-BERTEAUX.
Cliché J. Hachette et Cⁱᵉ, à Paris.

en chef Moreau, de s'entendre avec le général autrichien Kray, pour neutraliser les hôpitaux.

Nous reviendrons sur ce sujet au cours du chapitre que nous consacrerons aux précurseurs de la convention de Genève.

D'une incontestable bravoure et d'un dévouement à toute épreuve, il s'exposait héroïquement au feu quand il s'agissait de sauver un blessé sous le feu de l'ennemi.

Au cours de sa carrière il fut blessé trois fois.

C'est par miracle qu'il échappa à la mort lorsque à Mannheim il sauva l'officier du génie Lacroix, gravement atteint, en le transportant sur son dos.

Le pont du Rhin, dit C. Laurent (1), était alors battu par douze pièces de canon tirant à ricochet, et les Français, qui étaient sur la rive opposée, pleins d'admiration pour

---

(1) C. LAURENT, *Histoire de la vie et des ouvrages de P.-F. Percy*, p. 190.

PERCY AU PONT DE MANNHEIM, peinture murale du Val-de-Grâce.
Cliché J. Hachette et Cie, à Paris.

une si belle action, soutenaient par leurs acclamations les efforts du chirurgien en chef, sous les pas duquel les pontons brisés menaçaient de s'écrouler. Il eut le bonheur d'arriver intact sur la rive occupée par l'armée et d'y déposer son blessé qu'il n'avait pas voulu abandonner.

Le souvenir de cet acte d'héroïsme est consacré par une peinture murale à l'hôpital du Val-de-Grâce, à Paris.

Nommé avec quelques-uns de ses collègues, dont Larrey, inspecteur général du service de santé, par décret du premier consul en date du **23** frimaire An XII (1), il fut créé officier dans la première promotion de la Légion d'honneur (2).

En sa qualité de chirurgien en chef de la Grande Armée, il suivit Napoléon dans toutes ses campagnes jusqu'en 1809. Son état de santé et son âge déjà avancé le contraignirent à quitter le service actif. Il fut créé baron après la campagne d'Espagne. Il signala toute sa carrière par le souci constant de l'amélioration du service.

Dans son journal de campagne, il s'éleva souvent avec indignation contre l'incurie et la malveillance des commissaires de guerres et des intendants.

Il flétrit avec une juste indignation les prévaricateurs qui se bâtissent des fortunes au détriment des services de subsistances médicales dont ils ont l'administration.

Il présenta à plusieurs reprises différents projets de réorganisation du service sanitaire, sans pouvoir vaincre, la plupart du temps, la routine et la mauvaise volonté des bureaux.

Le service des infirmiers fut particulièrement l'objet de ses soucis constants.

Dans son désir de créer un corps spécial d'infirmiers, il

---

(1) *Moniteur universel*, 28 nivôse An XII (19 janvier 1804).
(2) 12 juillet 1804.

fit souvent remarquer combien l'absence de ces utiles auxiliaires était nuisible à tous égards.

Outre le manque de secours immédiats pour les blessés et le surcroît considérable de besogne que cela occasionnait aux chirurgiens dont la tâche était rendue plus ardue et plus difficile, il faut dégarnir la plupart du temps la ligne de combat pour transporter un blessé qu'on veut mettre hors des atteintes du feu, cinq ou six combattants étant parfois occupés à transporter un blessé.

Malgré le mauvais vouloir de l'administration, il s'appliqua à doter le corps d'armée dont il était le chirurgien en chef, d'une compagnie d'infirmiers.

Il raconta en ces termes la façon dont il organisa ce nouvel organisme et quels obstacles il rencontra (1).

« Fatigué, dit-il, des désordres sans cesse renaissants
» causés par cet assemblage dégoûtant d'infirmiers famé-
» liques et vagabonds, rebuté par l'inutilité de mes récla-
» mations, navré de douleur de voir mourir sur les champs
» de bataille un si grand nombre de soldats auxquels on
» aurait sauvé la vie et conservé des membres à l'aide d'un
» mode de transport commode et bien organisé, ayant vu,
» d'autre part, qu'il fallait avoir le plus près possible des
» lignes de bataille des hommes uniquement destinés à
» relever les blessés plutôt que de laisser ce soin au soldat
» qui trop souvent saisit cette occasion pour quitter son
» rang, je pris sur moi d'organiser un corps régulier de
» soldats-infirmiers, auxquels je donnai le nom de *Compa-*
» *gnie des brancardiers.*

» Je choisis parmi les plus courageux, les plus forts et
» les plus adroits, une centaine de soldats : je les fis

____

(1) Voir, sur l'organisation du corps des infirmiers :

H. Dunant, *la Charité internationale sur les champs de bataille,* pp. 99-101, et *Journal de campagne,* du baron Percy, pp. xli, xlv, 422 et 440.

» habiller et aussitôt qu'ils furent complètement équipés,
» je les mis en activité : bientôt le service des blessés et
» des malades, auparavant si négligé et si abandonné,
» changea de face.

» Chacun applaudit à mon institution, ajoute Percy : je
» rendis compte à l'autorité des succès obtenus, des ser-
» vices rendus, et de Madrid où j'étais, j'envoyai comme
» échantillon, à Paris, une escouade de cette troupe nou-
» velle que j'avais habillée et équipée sans qu'il en coûtât
» un centime au gouvernement.

» Mais au lieu de me voir remercier, je fus blâmé! Mon
» bataillon eut l'ordre de retourner bien vite à Madrid et
» fut dissous : heureusement il avait assez duré pour
» ouvrir les yeux au chef de l'État, et mon projet, que des
» événements politiques firent ajourner, fut définitivement
» adopté par un décret de 1813. »

Nommé chirurgien consultant de Louis XVIII sous la
première Restauration, il reprit du serviee et figura à la
bataille de Waterloo.

Les hauts mérites scientifiques de Percy et sa sollicitude
sans cesse en éveil pour tous les blessés, à quelque pays
qu'ils appartinssent, lui valurent durant toute sa carrière,
les plus flatteuses marques d'estime des monarques.

Tour à tour les empereurs de Russie et d'Autriche, les
rois de Prusse et d'Angleterre lui firent de riches présents (1).

Ses compatriotes de la Haute-Saône le déléguèrent à la

---

(1) Le roi de Prusse l'avait nommé membre de l'Académie des sciences
de Berlin et l'empereur d'Autriche lui fit remettre une tabatière d'or pour le
remercier du souci constant qu'il avait eu de faire régner l'ordre et cesser
les abus dans l'administration des hôpitaux pendant l'occupation française,
ainsi que de son attitude correcte et délicate envers l'Académie Joséphine,
de Vienne.

Chambre des députés où il ne prit que très rarement la parole et toujours en faveur des victimes de la guerre.

Il termina une glorieuse carrière, toute remplie des plus admirables exemples de dévouement et du souci constant

JEAN-DOMINIQUE LARREY.

des plus nobles devoirs humanitaires, le 18 février 1825.

Jean-Dominique Larrey naquit à Beaudéan, dans les Hautes-Pyrénées, en 1766 ou 1769 (1).

______

(1) D'après une note manuscrite de Larrey, l'année de sa naissance est incertaine, les frontières d'Espagne ayant été bouleversées pendant la Révolution.

Son goût prononcé pour la chirurgie décida son oncle Alexis Larrey, chirurgien en chef de l'hôpital de Toulouse, à lui faire donner une solide instruction scientifique. A quinze ans, il conquit au concours les fonctions de sous-aide à l'unanimité des suffrages.

En 1785 il fut nommé professeur, bien qu'aucune vacance ne se produisit et l'année suivante nommé aide-major de l'hôpital, il remplissait à peu près les fonctions d'un chef de clinique de nos jours.

En 1787, il se rend à Paris, où il apprend qu'on demande des chirurgiens instruits pour la marine de guerre.

Subissant les épreuves de la façon la plus brillante, il est admis et se rend à pied (le voyage en coche étant au-dessus de ses moyens) à Brest pour prendre son service.

En chemin il visite à Laval la maison où naquit Ambroise Paré, l'illustre prédécesseur des chirurgiens d'armées, avec lequel le jeune praticien devait offrir au cours de sa carrière, de si frappantes analogies.

Arrivée à Brest le 4 octobre 1787, il s'embarqua en qualité de chirurgien-major des vaisseaux de l'État, à bord de la frégate *la Vigilante*, à destination de Terre-Neuve.

De retour à Paris, il assiste aux préludes de la Révolution et lors de l'émeute Réveillon au faubourg Saint-Antoine, il soigne les blessés de la journée à l'Hôtel-Dieu. Avec la jeunesse des écoles et particulièrement avec ses camarades du collège de chirurgie, il prit une part active à la Prise de la Bastille.

Désigné en avril 1792 pour servir à l'armée du Rhin, il se rendit à Strasbourg en qualité de chirurgien aide-major.

Larrey commença réellement sa carrière au début des Guerres de la République. La période préliminaire ne peut être considérée que comme un apprentissage.

Il fit, sans en excepter aucune, toutes les campagnes de

la République et de l'Empire. On le vit sur tous les grands champs de bataille de cette gigantesque épopée.

On eût dit véritablement qu'il était prédestiné et que cette époque fertile en héroïsme guerrier devait voir une des plus remarquables figures de l'héroïsme humanitaire.

Le jeune chirurgien vit le feu pour la première fois à la Prise de Spire, le 30 septembre 1792, par l'armée du général Custine.

Sa fougue et son zèle furent si grands qu'il fut mis aux arrêts pour s'être trop exposé.

Il nous tarde d'en arriver à la conception de Larrey qui constitue un si considérable progrès dans l'organisation des ambulances.

Avant la Révolution, les ambulances étaient composées de voitures lourdes et encombrantes, auxquelles on attelait une quarantaine de chevaux et qui transportaient un matériel très considérable.

Cet hôpital ambulant, chargé d'assurer le service de santé d'une armée de 30,000 hommes, comprenait un nombreux personnel.

Quarante et un chirurgiens et élèves-chirurgiens, trente et un infirmiers et cent trente-quatre employés devaient assurer le service.

Combien lente devait être l'allure d'aussi pesantes machines et quelles difficultés devaient éprouver ceux qui étaient chargés de les convoyer sur les détestables routes de l'époque !

De perfectionnement en perfectionnement, on en était arrivé à adopter un chariot suspendu à quatre roues.

Il devait y avoir une voiture par mille hommes et on pouvait y placer trois blessés sur chaque rangée.

Ce système cependant était loin d'être parfait, les ordonnances militaires obligeant les ambulances à se tenir à une lieue des troupes. On laissait les blessés étendus sur le champ de bataille jusqu'après le combat. Si les circonstances s'y prêtaient, on les réunissait alors dans un endroit convenable. L'ambulance arrivait ensuite le plus promptement possible, mais en raison de l'encombrement des voies de communications, elle ne pouvait se rendre à destination qu'après un temps parfois fort long.

Un très grand nombre de blessés succombaient, faute de soins immédiats, d'autres erraient à l'aventure, se traînant misérablement à la suite de l'armée.

Si, en cas de revers, l'ennemi ne les recueillait pas et n'en prenait pas soin, ils étaient exposés aux pires infortunes.

Frappé des terribles inconvénients de ce système, Larrey entreprit d'emmener les secours le plus près possible de la ligne de combat et d'aller relever et secourir les victimes sous le feu de l'ennemi.

On venait, dans les armées de la République, de créer les batteries d'artillerie volantes; celles-ci se transportaient avec une extrême mobilité partout où leur action était rendue nécessaire par les différentes phases de la bataille.

Par analogie, Larrey voulut que les secours arrivassent auprès des victimes avec la même rapidité, la même promptitude. Faisant valoir toutes les bonnes raisons qui militaient en faveur de son initiative, il obtint du général en chef et de l'ordonnateur de l'armée la création d'une *ambulance volante* qui, par sa mobilité, devait pouvoir suivre tous les mouvements de l'armée et relever les blessés dès qu'ils étaient frappés.

Cette création géniale, qui fut perfectionnée par la suite, comme nous l'exposons plus loin, se composa, au début, de trois chirurgiens et d'un infirmier qui, chevauchant de robustes montures, transportaient des trousses contenant les instruments nécessaires et les objets de pansement de première nécessité.

Des chevaux de mains, garnis de paniers et de cacolets, étaient destinés au transport des blessés.

Dès les premiers essais, qui furent concluants, l'organisation fut perfectionnée. Les chevaux de bâts furent remplacés par de légères voitures. L'amélioration des ambulances volantes fut un des constants soucis de leur créateur.

Approuvées par le Conseil de santé, devant lequel Larrey fut invité à développer son invention, appuyée par les attestations les plus élogieuses des généraux qui les avaient vues à l'œuvre, les ambulances volantes furent, par la suite, constamment et progressivement améliorées.

Pour donner une idée de leur organisation, nous empruntons quelques détails à l'excellent ouvrage que le D' Paul Triaire consacra récemment à Larrey, et auquel nous avons emprunté déjà une partie des documents biographiques que nécessite cette étude (1).

L'ambulance comprenait trois divisions, formant sous la désignation de « Légion de l'ambulance volante », un service d'ensemble, sous la direction du chirurgien en chef de l'armée.

La division constituait un groupe distinct, mais identique aux deux autres, en sorte qu'il était facile d'augmenter ou de dédoubler ces unités selon les besoins du service.

Chacune comportait un chirurgien-major, commandant, deux aides-majors, douze sous-aides et un personnel administratif et militaire important : économe, agents d'administration, infirmiers à cheval, infirmiers à pied ; en tout trois cent quarante individus. C'était, on le voit, un véritable petit corps de troupe.

L'unité divisionnaire avait à sa disposition douze voitures légères et quatre pesantes, bien suspendues ; celles-ci du modèle des autres voitures militaires.

---

(1) Paul Triaire, *Dominique Larrey et les campagnes de la Révolution et de l'Empire*, 1902.

Les voitures légères étaient attelées à deux chevaux et pouvaient recevoir deux blessés couchés. Les autres étaient attelées à quatre chevaux et quatre blessés pouvaient y être étendus. L'aération était assurée par des fenêtres convenablement disposées, et la mobilité d'une des parois permettait de la renverser complètement et d'y introduire facilement un blessé dans la situation horizontale.

Le matériel d'ambulance était disposé dans des poches annexées aux cloisons.

Cet ensemble était aussi mobile que l'artillerie légère et se déplaçait avec autant de facilité. Se subdivisant en un grand nombre de fractions, il était en mesure de suivre les avant-postes jusque dans leurs mouvements les plus rapides.

Chaque officier de santé pouvait, muni des objets nécessaires pour assurer les premiers soins, ayant avec lui un infirmier à cheval et une voiture légère attelée d'un seul cheval et de deux dans les mauvais terrains, pénétrer partout, recueillir les blessés et les transporter promptement aux fourgons d'ambulance, qui, partant au galop, se dirigeaient vers l'ambulance centrale établie hors de la zone des opérations tactiques.

Si les blessures étaient graves, elles étaient pansées, comme le fit tant de fois Larrey, sur le terrain même, et souvent sous le feu.

Lorsque l'armée s'engageait dans des pays de montagnes, on se servait de mulets ou de chevaux de bâts, chargés de paniers à compartiments, dans lesquels étaient renfermés les appareils et les médicaments indispensables aux premiers secours.

Pendant la campagne d'Égypte, Larrey utilisa les chameaux, qui lui rendirent d'importants services dans la marche à travers le désert.

Telles furent les ambulances volantes de Larrey. Jamais, a dit un médecin qui fut attaché à l'une d'entre elles, jamais organisation ne fut plus complète. Elles suffisaient à toutes les indications, se portaient partout avec célérité, et fonctionnaient dans toutes les circonstances avec un ensemble et une précision admirables (1).

Après un court séjour à l'Armée des Pyrénées, Larrey revint à Paris où sa réputation grandissante lui fit octroyer la place de professeur d'anatomie et d'opérations à l'école de santé militaire qui venait d'être établie à l'hôpital du Val-de-Grâce.

Il ne professa cependant pas plus d'un an, car il dut partir pour l'Armée d'Italie le 12 floréal An V, appelé par le général Bonaparte.

Celui-ci était désireux d'apprécier les mérites des ambulances volantes. Il chargea Larrey de leur organisation immédiate et, après les avoir vues à l'œuvre sur le champ de bataille, il jugea d'un coup d'œil leurs mérites et porta sur elles ce jugement ratifié par la postérité :

« Votre œuvre, dit-il à Larrey qui nous a rapporté le fait » dans son journal, est une des plus hautes conceptions du » siècle et suffira seule à votre réputation. »

Bonaparte ayant apprécié les mérites de Larrey pendant la campagne d'Italie, lui confia le poste important de chirurgien en chef de l'Armée d'Égypte (2).

Ce fut l'occasion, pour Larrey et pour tout le personnel sanitaire, de faire de véritables prodiges.

Retracer, même brièvement, les traits d'héroïsme ou simplement de dévouement professionnel du chirurgien en chef pendant toute la campagne d'Égypte et de Syrie, serait hautement intéressant, mais excéderait notre cadre.

Nous nous contenterons de dire qu'il provoqua l'admira-

---

(1) Paul Triaire, *op. cit.*, pp. 54 et 55.
(2) Desgenette fut désigné comme médecin en chef du corps expéditionnaire.

tion de l'armée tout entière et fut même, à différentes reprises, l'objet de la reconnaissance des ennemis qu'il étonnait par son dévouement et son humanité.

Son zèle et son souci d'améliorer sans cesse les ambulances étaient si grands, qu'à son retour de la campagne de Syrie, on constata que l'hôpital militaire du Caire, ville où régnaient à ce moment l'abondance et la tranquillité, était moins bien entretenu que les ambulances de l'armée qui revenait du siège de Saint-Jean-d'Acre, après avoir souffert toutes sortes de privations en franchissant le désert.

Ce trait suffit à dépeindre l'organisateur modèle qu'était Larrey.

Les ambulances fonctionnèrent toujours en toutes circonstances, même les plus désavantageuses, avec une promptitude et une précision remarquables.

Au cours de certains combats, les blessés ne restaient pas plus d'un quart d'heure sans être pansés ou opérés.

De retour en France, il s'empressa de publier la relation chirurgicale de l'armée d'Orient où il relate les nombreux cas scientifiques intéressants qu'il releva au cours de cette immortelle campagne.

Dans des notes inédites (1) qu'il a laissées, nous trouvons à propos de cette campagne un trait fort curieux du général Bonaparte qui joua en l'occurrence un véritable rôle d'ambulancier.

Le pacha turc Mustapha avait été blessé et fait prisonnier à la bataille d'Aboukir.

Lorsqu'on lui amena ce prisonnier de marque, Bonaparte s'empressa de lui faire donner des cordiaux et pansa lui-même la blessure avec des linges de fine mousseline.

Ce n'est qu'après avoir terminé soigneusement ce

______

(1) PAUL TRIAIRE, *op. cit.*, p. 289.

premier pansement qu'il envoya le prisonnier à l'ambulance de Larrey.

Nommé chirurgien en chef de la Garde Consulaire et de l'hôpital de ce corps, il prit son service le 1er germinal An X et fut nommé le 23 frimaire An XII, inspecteur général du service de santé.

En 1805 il organisa avec tant de promptitude le service de santé de l'armée qui allait s'immortaliser à Austerlitz, que Napoléon, inspectant les différents services, lui dit : « Larrey, vous avez failli être prêt avant moi. »

En sa qualité de chirurgien en chef de la garde impériale, il suivit Napoléon dans toutes ses campagnes.

En Autriche, en Prusse, en Pologne, en Espagne et plus tard en Russie il se prodigua partout. A Eylau il opère dans son ambulance pendant vingt-quatre heures sans vouloir prendre un seul instant de repos.

Précis, méticuleux, ne laissant rien au hasard, il forme à son école une véritable élite de jeunes chirurgiens qui, comme lui, animés du feu sacré, font des prodiges pour atténuer dans la limite du possible les lamentables effets des meurtrières et sanglantes batailles qui se livrent incessamment.

De même que pour être prêt à tout événement, il ne se sépare jamais de ses instruments opératoires, sa remarquable ingéniosité crée sans cesse au hasard des circonstances.

Il utilise pour le transport des blessés, en Égypte et en Syrie le chameau, à Aboukir les bateaux, en Espagne le mulet, en Russie les traîneaux et à Bautzen il se servit même de brouettes.

Son grand cœur et son infatigable activité lui suggéraient tous les moyens propres à l'accomplissement de sa mission humanitaire. Son autorité morale, jointe à une vigueur physique robuste autant qu'inlassable, lui permettait de faire face aux circonstances les plus imprévues.

En voici un exemple entre mille :

Au cours de la campagne d'Autriche de 1809, les blessés qui se trouvaient dans l'île de Lobau étaient dans un dénuement affreux. La viande manquait. Que fait Larrey? De sa propre autorité, il fait abattre les chevaux de luxe des officiers en commençant par les siens, pour en faire du bouillon.

En l'absence d'instruments de cuisine propices, il fit prendre des cuirasses et, après en avoir fait modifier légèrement la forme, il en improvise des marmites.

Le sel faisant défaut, il assaisonne avec de la poudre à canon.

La première tasse de cet étrange bouillon, dû à l'ingéniosité et à la ténacité de Larrey, fut présentée au maréchal Masséna et le reste partagé entre les malades et les blessés sur lesquels la sollicitude du chirurgien en chef veillait d'une aussi énergique façon.

Larrey, faut-il le dire, était l'idole des soldats. Il en reçut à maintes reprises des marques de reconnaissance dont la plus remarquable se produisit lors du mémorable Passage de la Bérésina. S'étant attardé pour sauver son matériel d'ambulance, Larrey fut pris dans l'immense foule des soldats affolés qui voulaient franchir la rivière. Sans considération de grade, tous voulaient passer. Certains même s'ouvraient un chemin les armes à la main. Larrey allait être massacré, lorsqu'il fut soudain reconnu et alors on vit les mêmes soldats qu'on avait dû écarter de force pour permettre le passage de l'Empereur, enlever le chirurgien dans leurs bras pour le transporter sur l'autre rive.

Touchant exemple de gratitude qui en dit long sur la popularité de Larrey.

Sa renommée était d'ailleurs universelle et son nom était

réputé partout pour sa haute bravoure et pour son abnégation sans bornes envers les blessés, quels qu'ils fussent.

Il en eut souvent d'inoubliables témoignages.

A Waterloo, son ambulance centrale se trouvait près de la ferme de la Belle-Alliance. Selon sa coutume, durant toute la bataille, il se jetait avec son habituelle impétuosité au sein de la mêlée pour relever et secourir les blessés.

A un moment donné, Wellington, qui du haut de Mont-Saint-Jean suivait les péripéties du combat, l'aperçut sous le feu même des canons anglais :

« Quel est, dit-il, cet audacieux?

— C'est Larrey, lui répond-on.

— Allez dire de ne pas tirer de ce côté, laissons à ce brave le temps de ramasser ses blessés. Et il souleva son chapeau.

— Qui saluez-vous? fit le duc de Cambridge.

— Je salue l'honneur et la loyauté qui passent. »

Et il désigna le chirurgien de la Garde, de son épée (1).

Vers la fin de la journée, l'héroïque chirurgien tomba blessé aux mains des Prussiens.

Dépouillé de ses vêtements, de ses armes, de sa bague, de sa montre, de sa bourse, il allait être fusillé.

On lui mettait le bandeau sur les yeux, quand il fut reconnu par un chirurgien qui avait suivi ses cours à Berlin, au temps de l'occupation française.

Conduit devant Blücher, dont il avait sauvé le fils, blessé pendant la campagne d'Autriche, le feld-maréchal prussien s'empressa d'acquitter envers le chirurgien français une dette de reconnaissance en lui sauvant la vie.

Au cours de sa carrière, Larrey avait été fait baron de l'Empire et commandeur de la Légion d'honneur.

—————

(1) Paul Triaire, *op. cit.*, p. 649.

LARREY AU PASSAGE DE LA BÉRÉSINA, d'après le tableau de SOLDÉ.
Cliché J. Hachette et Cie, Paris.

Napoléon, dans son testament (1), porta sur le célèbre chirurgien ce jugement remarquable :

« C'est l'homme le plus vertueux que j'ai connu. »

Sa fidélité à l'Empereur le desservit pendant la Restauration, mais il reprit la plénitude de ses attributions en 1830.

Nommé chirurgien en chef des Invalides, il fut retraité en 1838.

Chargé en 1842 d'une mission du gouvernement en Algérie, il mourut en revenant à Lyon. Il avait soixante-seize ans.

Peu de vies offrent un pareil exemple d'activité judicieuse et de dévouement sans bornes mis au service de l'humanité.

Larrey fut un pur héros.

La chirurgie militaire s'était mise à la hauteur des circonstances dans presque tous les pays de l'Europe engagés dans la formidable lutte qui fit couler des flots de sang pendant près d'un quart de siècle.

L'Autriche avait été très lente à organiser dans ses armées un service sanitaire officiel. Sous l'influence de Siebold, célèbre chirurgien qui avait fait son éducation militaire dans les hôpitaux français pendant la guerre de Sept ans, les armées autrichiennes se virent dotées d'hôpitaux militaires et d'ambulances assez bien outillées.

Siebold fut anobli par Napoléon, en récompense des soins qu'il prodigua aux soldats français blessés et faits prisonniers en Autriche.

L'organisation sanitaire des armées espagnoles laissa fort à désirer.

____

(1) Napoléon fit dans son testament une donation de 100,000 francs à Percy et à Larrey.

Lors de l'occupation française, on constata que les hôpitaux militaires y étaient misérables et mal entretenus.

L'Espagne ne comptait d'ailleurs que peu de chirurgiens, et les savants français eurent fort à faire pour améliorer le service.

Percy dit dans un passage de son *Journal de campagne* (1) :

« Je tâcherai de chasser cette foule de barbiers, appelés
» *practicantes*, à qui on a prostitué le titre de chirurgien;
» ces misérables sont fagotés pis que des valets; ils font la
» barbe aux malades, vident les pots de chambre et sont
» plus infirmiers qu'autre chose; ils vivent en réfectoire et
» mangent comme des pourceaux. »

En Angleterre, la chirurgie civile était très brillante à la fin du xviiie siècle. Elle constituait une élite, les études scientifiques coûtant très cher et n'étant pas à la portée du premier venu.

Lorsque les armées britanniques se portèrent sur le continent, leur organisation sanitaire se ressentit du degré de perfection de la science chirurgicale anglaise.

Ce furent les chirurgiens anglais qui organisèrent le service sanitaire des armées portugaises et espagnoles, leurs alliées.

Bien que la Russie ne comptât aucun chirurgien éminent ses armées furent dotées d'un service de santé assez complet, principalement lors des campagnes contre Napoléon.

Les ambulances, d'un modèle encore primitif, étaient desservies par un nombreux personnel de chirurgiens.

C'est ainsi qu'après la sanglante bataille d'Eylau, le Czar put envoyer des chirurgiens russes pour soigner des blessés de son armée retenus prisonniers par les Français.

---

(1) P. 437.

Les soldats français, soignés dans les hôpitaux russes, en firent les plus grands éloges.

Les petits États allemands ne durent, pour la plupart, leur organisation qu'au contact des armées françaises dont ils adoptèrent en partie l'administration.

Tout d'ailleurs devait y être créé sous le rapport sanitaire.

On y voit figurer assez tôt le *medicin-wagen*.

Quant à la Prusse, son organisation sanitaire fut assez brillante, surtout par la qualité des chirurgiens qui y étaient attachés. Ses ambulances ne furent peut-être pas aussi bien organisées que celles de la Russie, mais la valeur scientifique de ses praticiens est hors de conteste.

L'âme de la chirurgie militaire prussienne fut Goercke.

Ami des Percy et des Larrey et grand admirateur de leur science, il créa une véritable pépinière de chirurgiens militaires instruits aux frais du Roi et à qui il insufflait la véritable passion que lui inspirait l'état de chirurgien d'armée.

Pendant la période des guerres napoléoniennes il y eut plus de deux mille chirurgiens d'armées en Prusse.

Percy, dans son *Journal de campagne* (1), nous a laissé de très intéressants renseignements sur l'organisation hiérarchique du service de santé militaire des armées prussiennes.

Nous ne pouvons pas mieux faire que de les reproduire :

« Il est bon, dit-il, que je me souvienne des noms des
» chirurgiens de l'armée prussienne; les voici :
» *General Stabs-chirurgus und Ober-Medicinalrath* :
» Doctor Goercke.
» *Ober-Stabs-chirurgus* : Better.

---

(1) P. 225.

» *Stabs-chirurgi :* 1. Bruckert; 2. Stein; 3. Rebentisch;
4. Krantz.

» *Ober-chirurgi :* 1. Horlacher; 2. Lohmeyer ; 3. Win-
ckler; 4. Tiesse; 5. Escheggen;
6. Bennoit; 7. Lœsch; 8. Schil-
ling ; 9. Muller.

» Il y a dix-sept chirurgiens supérieurs d'armée qui ont
» la pension de deux mille thalers. Les chirurgiens-majors
» ont cinq cents écus de Prusse; de plus, un gros par
» mois pour chaque soldat et la table du colonel proprié-
» taire du régiment, tant qu'ils sont garçons; il paraît
» qu'on les estime beaucoup et qu'en général ils sont esti-
» mables.

» La pépinière des chirurgiens d'armées de Berlin est la
» source où désormais on les puisera; on leur enseigne de
» fort bonnes choses; j'ignore si on les forme bien à la
» pratique. Il y a des chirurgiens très instruits en
» Prusse. »

On voit, d'après le rapide exposé que nous venons de
faire, que les sentiments de commisération envers les
malheureuses victimes de la guerre avaient fait de grands
progrès et que tous les pays d'Europe s'étaient préoccupés
de la question essentielle du secours envers les traumatisés
militaires.

L'histoire magnifie l'héroïsme des guerriers célèbres,
elle proclame bien haut les noms de ceux qui s'illustrèrent
au cours des sanglantes épopées, les Napoléon, les Wellington et les Blücher, mais à côté de ces grands guerriers,
l'humanité doit garder la mémoire et porter un hommage
ému aux Percy, aux Larrey, aux Goercke et à leurs obscurs
et glorieux émules.

CHAPITRE II

La Neutralisation des blessés
à travers l'histoire.

Assassinat des blessés prisonniers. — Générosité de Cyrus le Grand et de Salah-Eddin. — Le *Mâhâbhârata* hindou. — L'art de tuer a été de tout temps en progrès sur l'art de guérir. — Henri IV et les blessés espagnols. — Alexandre Farnèse. — Capitulation de Tournai, 1581. — Les « précédents historiques » connus lors de la rédaction de la Convention de Genève. — Gurlt, l'historien des traités concernant les blessés prisonniers. — Nombre des traités conclus de 1581 à 1864. — Personnel médical et aumôniers presque toujours favorisés.— Traités concernant les médecins, les chirurgiens, les apothicaires. — Les blessés transportables. — Stipulations spéciales et minutieuses en leur faveur. — Différents traités. — Les blessés non transportables. — Autorisations qui leur sont accordées de rester dans les hôpitaux. — Mesures prises pour leur rapatriement. — Solde. —Listes de blessés et de morts. — Frais d'entretien. — Mesures prises envers les officiers blessés.—Les blessés prisonniers sont un « dépôt sacré ». — Mesures prises pour assurer la subsistance des blessés. — Neutralisation des villes balnéaires où se trouvent des hôpitaux militaires pour convalescents. — Convention d'Aschaffenbourg. — Respect des hôpitaux militaires. — MM. de Chamousset et Peyrilhe proposent de neutraliser les hôpitaux militaires. — Décret de la Convention nationale concernant les blessés et les prisonniers de guerre. —Les projets de neutralisation de Percy. — Refus du général autrichien Kray. - Sort précaire des ambulances sur les champs de bataille. — Anecdote de Percy. — Larrey à Eylau. — Les blessés sont relevés et soignés par tous les partis belligérants sans distinction de nationalité. — Douze mille blessés étrangers pendant la campagne de France de 1814. — Chirurgiens remerciés par les monarques. — Sauf-conduits accordés aux chirurgiens militaires étrangers. — Chirurgiens russes à Eylau.— Wellington et les chirurgiens français en Portugal. — Capitulations et armistices. — Blessés des guerres maritimes. — Napoléon III au combat de Montebello. — Progrès et triomphe des idées altruistes.

Si, au cours de cette longue étude, nous avons eu à déplorer trop souvent une absence presque complète de sentiments d'humanité envers les blessés, si nous avons vu que, non seulement chez les peuples primitifs, mais encore jusqu'en plein moyen âge, l'assassinat des ennemis blessés et prisonniers fut une règle presque constante, nous avons eu également la satisfaction de pouvoir citer des exemples remarquables de générosité, de clémence et de miséricorde envers les victimes tombées aux mains de leurs vainqueurs.

C'est ainsi que nous avons signalé la conduite absolument inusitée pour l'époque, de Cyrus le Grand, le fondateur de l'Empire persé, faisant soigner et recommandant d'une façon toute particulière à ses médecins, les Chaldéens blessés et faits prisonniers en combattant contre lui.

Nous avons de même fait observer combien était digne d'admiration, la conduite de Salah-Eddin qui, au cours d'une croisade, avait eu l'idée d'un code de guerre consacrant des principes que la Convention de Genève fit prévaloir de nombreux siècles plus tard.

A dire vrai, on trouve des traces de principes hautement altruistes, dans les sources mêmes de la civilisation.

A ce titre, nous ne croyons pas pouvoir mieux faire que de citer la vieille épopée hindoue, le *Mahâbhârata* qui, exposant les règles et les devoirs de la guerre, dit que : « Les » vainqueurs traitent avec bonté les vaincus... Qu'un » ennemi blessé doit être soigné dans le pays du vain-» queur (1). »

Cependant, malgré les enseignements altruistes des différentes théologies, les instincts sanguinaires des hommes ont presque toujours prévalu et si, selon l'expression d'un auteur, « l'art de tuer a été de tout temps en progrès sur l'art de guérir », à plus forte raison, aucun sentiment de commisération envers l'ennemi blessé et prisonnier ne devait se faire jour avant longtemps. Les cas que nous venons de

---

(1) John Muir, traduction des *Sanscrits Texts*, Bulletin international de Genève, 1881, n° 46.

citer, de même que ceux que nous nous proposons de signaler au cours de ce chapitre, ne constituent que d'honorables exceptions.

Henri IV, après la capitulation d'Amiens, avait, ainsi que nous l'avons rapporté, procuré des charrettes aux Espagnols pour leur permettre d'évacuer leurs blessés.

Cette mesure humanitaire était-elle le résultat d'un accord conclu au cours des négociations de la reddition de la ville, nous l'ignorons. Ce que nous pouvons affirmer, c'est que, quelques années auparavant, le traité de capitulation intervenu entre Alexandre Farnèse et la ville de Tournai, le 30 novembre 1581, contenait une stipulation concernant le sort des blessés.

C'est la plus ancienne convention de ce genre connue.

Il n'y a pas bien longtemps que les documents historiques concernant le sort des blessés tombés aux mains de leurs ennemis, par suite de la reddition d'une place ou ville forte, ont été étudiés et mis à jour.

Lors de la rédaction de la Convention de Genève de 1864, le Comité international présidé par Moynier émit l'idée de faire recueillir les « précédents historiques » c'est-à-dire les capitulations ou traités qui auraient fait mention antérieurement d'idées analogues à celles de la Convention de Genève.

On ne put découvrir et citer en tout et pour tout que quatre « précédents », prenant dates des années 1742 à 1800 (1).

1. Le traité d'Aschaffenbourg concernant la protection des hôpitaux et des blessés, conclu le 27 juin 1743, après la bataille de Dettingen, entre le maréchal de Noailles, commandant l'Armée Française, et le comte de Stair, général en chef de l'Armée Impériale.

---

(1) C. LUEDER, *la Convention de Genève au point de vue historique, critique et dogmatique*, pp. 11 et 12.

2. Le traité concernant le soin des blessés et des malades ainsi que la situation des personnes qui les assistent, conclu à Sluys en Hollande le 6 février 1759, entre l'Angleterre et la France.

3. La Convention de Brandebourg du 7 septembre 1759, entre Louis XV et Frédéric le Grand.

4. Le remarquable projet présenté par Percy en 1800 et dont nous nous occuperons plus loin.

Ce sont en grande partie les travaux de Gurlt, professeur de chirurgie à l'Université de Berlin et historien remarquable, qui ont enrichi l'histoire de précieux documents.

Nous savons maintenant que deux cent quatre-vingt-onze traités furent conclus entre les différents États de l'Europe et même de l'Amérique, depuis 1581 jusqu'en 1864.

La France en a cent quatre-vingt-sept à son actif, l'Angleterre quarante-six, la Hollande trente-sept, l'Espagne quarante-neuf, la Suède vingt-trois, l'Amérique du Nord neuf, la Russie huit, l'Allemagne et l'Autriche deux cent trois.

On comprendra que nous n'entrions pas dans les détails de ces multiples conventions.

Nous renverrons aux ouvrages de Gurlt (1) et nous dirons simplement d'après lui que déjà au xviiie siècle et principalement à l'époque de la succession d'Espagne, 1701-1704, les conventions étaient rédigées très minutieusement et fixaient avec beaucoup de précision de multiples points de détails.

---

(1) GURLT, *Zur Geschichte der internationalen und freiwilligen kranken-pflege*, Leipzig, Vogel, 1873 ; ID., *la Protection internationale des militaires blessés et malades en campagne et l'assistance volontaire en cas de guerre*, etc. Mémoire présenté à la Conférence internationale de Berlin, 22 au 27 avril 1869.

En règle générale, le personnel médical et les aumôniers y sont toujours favorisés. Ils ne sont presque jamais compris dans les prisonniers de guerre. Ils peuvent presque toujours partir librement avec tout ce qui leur appartient et s'ils sont autorisés à rester près des blessés, ils jouissent d'une grande liberté.

Antérieurement le personnel destiné à soigner les malades et les blessés avait déjà été l'objet de stipulations spéciales.

C'est dans le traité conclu le **26** mai **1675** entre la France et les États-Généraux, qu'on voit, pour la première fois, les médecins, chirurgiens et apothicaires libérés sans rançon.

Lors du traité entre la France, l'Espagne et les États-Généraux du **19** mai **1675**, cela devient la règle qui par la suite ne souffre plus aucune exception, sauf dans le cartel de Friedland du **28** avril **1678** entre la Suède et le Brandebourg, où cette disposition ne figure pas.

Le traité de Strasbourg du **27** août **1675**, conclu entre la France et l'empire d'Allemagne, stipule expressément que les médecins et les infirmiers seront délivrés sans rançon et ne pourront être dépouillés d'aucun des objets leur appartenant.

Signalons en passant que dès **1642**, le traité conclu à Zittau entre l'empire d'Allemagne et la Suède, de même que celui entre la Suède et la Bavière Électorale du **27** juillet **1646**, délivre sans rançon les aumôniers ainsi que les femmes et les enfants de moins de douze ans. Alors que jusqu'à ce moment il n'avait été question que du personnel médical et des aumôniers, dès le **20** octobre **1689**, il est fait mention des malades et des blessés au cours du traité d'échange et de rançon entre la France et l'Espagne.

La caractéristique des traités de la fin du xvie et du xviie siècle tout entier et du commencement du xviiie siècle,

où l'on s'occupe de la condition des malades et des blessés,
est leur classification en deux catégories : les *transportables*
et les *non-transportables*.

Les dispositions prises dans les deux cas sont parfois
remarquables.

Pour les blessés transportables, une stipulation est presque toujours faite : on doit leur procurer des voitures ou
des vaisseaux nécessaires à leur transport, parfois même
des chevaux pour leur litière.

On doit également leur procurer une quantité suffisante
de nourriture et d'objets de pansements.

On doit leur assurer une escorte convenable ainsi que
des médecins et des infirmiers pour les assister pendant le
trajet.

Les moindres détails sont parfois prévus.

Lors de la capitulation de la Forteresse de montagne de
Rottenberg du 19 septembre 1703, en raison du temps
humide et froid, chaque blessé reçut deux couvertures de
laine.

Lorsque le général français de Laubanie négocia le
24 novembre 1704 la reddition de Landau, il obtint pour ses
blessés la libre sortie de leurs matelas, draps de lit, pail-
lasses, couvertures, ainsi que de leurs médicaments, leurs
vivres, eau-de-vie et vins, ainsi que la charpie et les objets
nécessaires à leurs pansements.

Pour les non-transportables, les détails sont encore plus
précis, si possible.

Il est habituellement stipulé que les blessés et les
malades peuvent rester en toute sécurité dans la ville
conquise.

Ils sont autorisés à rester dans les hôpitaux ou les habitations particulières qu'ils occupent et où on doit leur
octroyer les soins et tous les médicaments que nécessite

leur état, moyennant une indemnité à charge de leur nation respective qui se libérera au moyen d'un compte spécial qui sera ouvert.

Les médecins, pharmaciens et infirmiers doivent être laissés auprès d'eux.

Après leur rétablissement, on doit leur donner un passeport en règle et les rapatrier sous bonne escorte avec armes et bagages.

On doit empêcher qu'on ne les moleste et on ne peut les contraindre à s'enrôler dans une armée étrangère.

Souvent les prisonniers malades reçoivent une solde double pendant toute la durée de leur traitement.

Parfois on prend les arrangements nécessaires pour se faire connaître mutuellement, officiellement et régulièrement les listes de blessés encore en traitement, ainsi que leur état de santé.

On se communique également les listes des morts et on liquide par la même voie les frais réciproques d'entretien.

Les officiers ont, la plupart du temps, les plus grandes latitudes. Ils peuvent se faire traiter à leur choix et où ils veulent. L'autorité supérieure prend soin de leurs intérêts.

Enfin, l'opinion qui s'accrédite de plus en plus, est caractérisée par les termes de la Capitulation d'Ancône de 1799, qui traitent les blessés de « dépôt sacré ».

C'est ainsi que le traité conclu entre la France et l'Espagne le 20 octobre 1689, celui entre la France, d'une part, et le duc de Savoie et ses alliés, d'autre part, du 19 octobre 1690, et celui entre la France et les États-Généraux du 29 décembre 1690, se préoccupent tout particulièrement de l'organisation des secours pour les blessés et prennent des dispositions pour que les frais qui en résulteraient soient liquidés convenablement.

Les dispositions particulières sont parfois fort curieuses. La Capitulation de Kaiserswerth du 15 juin 1702 prescrit que des otages doivent être remis jusqu'au retour des blessés dans leur garnison.

La même disposition est prise lors de la Capitulation d'Ulm les 10 et 11 septembre 1704. Dans celle-ci nous trouvons encore des dispositions intéressantes.

Les vivres qui sont dans les magasins doivent servir pour les blessés obligés de rester dans la ville évacuée. Ceux-ci ne doivent pas être troublés dans leur logement et leurs hôtes ne peuvent être contraints d'héberger d'autres soldats tant qu'ils resteront en traitement. De plus, les malades et blessés rétablis et renvoyés dans leur patrie doivent avoir en route des logements avec vivres et fourrages assurés dans les villes et les villages de trois en trois lieues.

Reproduisant la même prescription concernant les vivres ne pouvant être détournés de l'usage des blessés, la Capitulation de Tournai du 29 juillet 1709 entre le prince Eugène de Savoie et le duc de Marlborough, d'une part, et Hautfort de Surville, commandant la garnison française, d'autre part, précise que les vaches et les moutons qui étaient destinés à l'entretien des traumatisés, ne pourront être employés à un autre usage et doivent en attendant leur emploi, être laissés aux fournisseurs.

La Capitulation d'Anvers du 6 juin 1706 entre le quartier-maître général anglais Cadogan et le marquis de Terrazena, le Gouverneur espagnol de la ville, règle et précise les prérogatives de l'hôpital militaire, dont le régime ne pourra être ni changé ni modifié.

En 1759, lors de la capitulation de la garnison de Munster, il est spécifié qu'une garde devra être donnée pour protéger l'hôpital. Outre le personnel infirmier ordinaire, il devra y être autorisé la présence de religieux. Le traité relatif à la reddition du Château d'Arco en Tyrol, 17 août 1703, précise même que ce doivent être des capucins.

La Capitulation de Lille, du 23 octobre 1708, contient une stipulation particulièrement originale concernant les officiers blessés.

Aucun de ceux-ci ne pourra après sa guérison être retenu pour dettes ou sous tout autre prétexte.

Citons encore les Conventions suivantes qui, à des titres divers, sont historiquement intéressantes.

La Convention de Bonn du 12 octobre 1689 entre Frédéric III, électeur de Brandebourg, et le comte d'Asfeld, feld-maréchal commandant l'Armée Française, qui règle le transport des blessés sur le Rhin. Elle reproduisait les termes d'une convention similaire conclue le 9 septembre 1689 à l'occasion de la reddition de la forteresse de Mayence.

Le Cartel de Grottkau du 9 juillet 1741, conclu au cours de la première guerre de Silésie entre la Prusse et l'Autriche, reproduit diverses stipulations déjà signalées antérieurement.

Il en est de même du Cartel conclu à l'Écluse en Hollande le 6 février 1759 entre l'Angleterre et la France et qui porte ce titre très explicite : « Traité et Convention » pour les malades, blessés et prisonniers de guerre des » troupes de terre de Sa Majesté Très Chrétienne et de Sa » Majesté Britannique. »

Sept mois plus tard, le 7 septembre 1759, la France et la Prusse signaient à Magdebourg un traité reproduisant les mêmes termes que le Cartel de l'Écluse.

Le 15 octobre 1759, la Prusse et la Russie signaient le Cartel de Butow.

Une très curieuse convention fut signée le 12 mai 1759 entre l'Autriche et la Prusse. Elle était relative à la neutralisation des soldats blessés et convalescents se rendant aux bains de Landeck, Warmbrunn, Teplitz et Carlsbad.

Il y est dit que les officiers et les soldats des deux armées qui se rendront dans les villes balnéaires désignées pour y rétablir leur santé seront à l'abri de toute attaque et pourront achever leur cure en toute sécurité.

Un historiographe de la guerre de la succession d'Autriche (1742-1748) le colonel Arvers, rapporte en ces termes un incident intéressant survenu après le combat de l'Assiette (19 juillet 1747) :

« M. de Mailly, après avoir fait enlever du village de
» Saulx d'Aulx, les blessés qu'il était possible de trans-
» porter, envoya un officier et un commissaire de guerre
» avec un tambour à M. de Briqueras, général piémontais,
» pour lui demander l'envoi d'un détachement pour la
» conservation et la garde des blessés, qui se trouvaient
» hors d'état d'être transportés ; ce qui fut accompli (1). »

Nous devons signaler d'une façon toute particulière la Convention d'Aschaffenbourg signée en 1743 entre le comte Stair, représentant l'armée anglaise, et le général français duc de Noailles.

Elle consacre pour la première fois l'inviolabilité des hôpitaux. Le célèbre chirurgien anglais Sir John Pringle a fait dans un de ses ouvrages, une mention spéciale à ce fait historique si hautement important.

« Pendant que l'armée anglaise qu'il commandait était
» campée à Aschaffenbourg, le comte Stair fut ému, dit-il,
» de l'espèce de barbarie qui se montrait dans le transport
» ou l'évacuation des blessés ou des malades d'un hôpital
» sur un autre.

» Il fit proposer au général français, le duc de Noailles,
» dont l'humanité lui était connue, de *respecter et de proté-*
» *ger réciproquement les hôpitaux.*

» L'accord fut fait et le duc de Noailles profita de la

---

(1) ARVERS, *Guerres de la succession d'Autriche (1742-1748)*, Paris, 1892, t. II, p. 749.

» première occasion pour montrer combien il avait à cœur
» de l'observer religieusement.

» L'hôpital anglais se trouvait un jour à Feckenheim,
» village situé sur le Mein. Le général français ayant à
» envoyer des troupes dans un village voisin situé sur la
» rive opposée et craignant de mettre l'alarme parmi les
» malades qui l'occupaient, eut soin de. les rassurer en
» leur faisant savoir qu'ayant appris que l'hôpital était
» dans ce village, il avait donné les ordres les plus précis
» pour qu'ils ne fussent pas inquiétés par ses troupes.

» Cet accord fut strictement observé des deux côtés
» pendant la campagne et quoiqu'il ait été négligé depuis,
» ajoute l'auteur anglais, il faut espérer qu'à l'avenir les
» parties belligérantes le considéreront comme un précé-
» dent (1). »

Cette Convention d'Aschaffenbourg est remarquable à
plus d'un titre et les principes qu'elle consacrait auraient
dû déjà dès cette époque être admis comme une règle
absolue et non comme une exception due aux circonstances
et aux sentiments humanitaires des contractants.

Le temps n'était pas encore révolu où le droit des gens
put s'augmenter d'une nouvelle loi de charité universelle.
C'est en vain que M. de Chamousset (2), intendant général
des hôpitaux militaires français pendant la guerre d'Allemagne de 1761 à 1762, et Peyrilhe (3), professeur de
chimie au collège royal de Paris, demandent au nom de
l'humanité et au nom de l'intérêt des États, que les hôpitaux soient considérés comme des asiles inviolables, comme
des temples de l'humanité qui doivent être respectés et
protégés par le vainqueur.

---

(1) Sir JOHN PRINGLE, *Observations on the Diseases of the Army*, Londres,
1775, in-8°, Préface, p. VII.

(2) OEuvres complètes de M. DE CHAMOUSSET, Paris, 1783, t. II, p. 15.

(3) PEYRILHE, *Histoire de la chirurgie*, Paris, 1780, t. II, p. 403.

Quelque temps après cependant, la Convention nationale proclame que les « prisonniers de guerre sont sous la » sauvegarde de la nation et la protection spéciale de » la loi ».

« Considérant, dit le décret du 4 mai 1792, qu'aux » termes de la déclaration des Droits de l'homme, lorsque » la société est forcée de priver un homme de sa liberté, » toute rigueur qui ne serait pas nécessaire pour s'assurer » de sa personne doit être sévèrement réprimée (1). »

Tous les blessés sans exception de nationalité étaient relevés, secourus et soignés dans les armées de la République. La situation des ambulances et des hôpitaux militaires était cependant toujours bien précaire, exposés qu'ils étaient à toutes les vicissitudes, à toutes les incertitudes, à tous les dangers des champs de bataille.

C'est alors que Percy, ainsi que nous l'avons dit au chapitre précédent, eut la généreuse pensée de faire déclarer les hôpitaux inviolables.

C'est au cours de la campagne sur le Rhin qu'il conçut le projet et il relate en ces termes le fait dans son *Journal de campagne :*

« Ici, je communiquai aux généraux Dessolle et Moreau » l'inviolabilité des hôpitaux et leur donnai l'article que » j'avais traduit de la gazette allemande *Allgemeine* » *Zeitung.* Ils furent frappés de la lecture de cet écrit et » n'hésitèrent point à en adopter les principes, se promet- » tant bien de prendre l'initiative dans une cause aussi » honorable. Je fis sentir au général Moreau combien il » était digne de lui et de la nation française de proposer » au général Kray une convention si touchante, si propre » à fixer les regards de la philosophie et à prouver les prin-

---

(1) DE MARTENS, *Recueil des traités des Puissances et des États de l'Europe depuis 1761,* supplément, t. VI, p. 736.

» cipes philanthropiques professés maintenant par les
» Français. Je n'oubliai pas de lui parler de sa propre
» gloire, à laquelle ce beau trait ajouterait un nouvel
» éclat ; j'allai jusqu'à lui dire que le gain d'une bataille
» lui ferait peut-être moins d'honneur et lui citai Stair et
» Noailles, qui s'étaient immortalisés par cette convention
» dans la campagne de 1743. Le général Dessolle saisit
» avec empressement cette occasion et le général Moreau
» l'invita à faire une lettre à M. de Kray. Elle était conçue
» en ces mots :

« Il est temps, Monsieur le Général, de diminuer autant
» qu'il est en notre pouvoir les horreurs et les calamités
» de la guerre, et les blessés, ces honorables victimes de la
» guerre, méritent surtout tout notre intérêt, toute notre
» sollicitude. J'ai donc l'honneur de vous proposer de
» regarder comme inviolables les hôpitaux et de ne retenir
» jamais prisonniers de guerre les blessés qui y seront
» trouvés. »

» La lettre fut signée et il fut arrêté qu'au premier jour
» on l'enverrait à M. de Kray (1). »

Le général autrichien ne voulut pas souscrire à cet
accord. Négligeant le côté humanitaire de la question, il ne
voulut envisager que les conditions cependant très hypothé-
tiques où il pourrait en résulter un désavantage au point
de vue stratégique.

Un projet de convention rédigé par Percy contenait le
germe des idées que la Convention de Genève a fait prévaloir.

Il était rédigé comme suit :

« Le général Kray, commandant l'armée autrichienne, et
le général Moreau, commandant l'armée française, désirant diminuer autant que possible les malheurs de la

---

(1) *Journal des campagnes du baron Percy*, p. 53.

guerre et adoucir le sort des militaires blessés dans les combats, sont convenus des articles suivants :

» ARTICLE PREMIER. — Les hôpitaux militaires seront considérés comme autant d'asiles inviolables, où la valeur malheureuse sera respectée, secourue et toujours libre, quelle que soit l'armée à laquelle ces hôpitaux appartiennent et sur quelque terrain qu'ils soient établis.

» ART. 2. — La présence de ces hôpitaux sera indiquée par des écriteaux placés sur les chemins aboutissants, afin que les troupes n'en approchent point et qu'en passant elles observent le silence et fassent cesser le bruit des tambours et des instruments.

» ART. 3. — Chaque armée sera chargée de l'entretien de ses hôpitaux, après avoir perdu le pays où ils existent, comme si ce pays était encore en son pouvoir. Les effets continueront à lui appartenir; les dépenses seront à son compte; rien ne sera changé au régime de ces établissements et la consigne donnée à la sauvegarde sera concertée entre les chefs du service et le commandant du poste étranger.

» ART. 4. — Les armées favoriseront réciproquement le service des hôpitaux militaires situés dans les pays qu'elles viendront à occuper. Elles feront fournir par les habitants, ou fourniront elles-mêmes, tous les objets nécessaires aux blessés et hospitaliers, sauf à s'en faire rembourser le montant, ou même à retenir des otages ou des effets, jusqu'à ce que le payement des avances soit effectué.

» ART. 5. — Les militaires guéris de leurs blessures seront renvoyés à leur armée respective, avec une escorte qui leur fera fournir en chemin des vivres et des voitures et les accompagnera jusqu'aux avant-postes de l'armée où ils se rendront. Il sera de même accordé une escorte pour protéger, lors de l'évacuation complète de l'hôpital, les convois de voitures sur lesquelles on aura chargé les effets, si ceux-ci n'ont point été retenus pour garantir l'acquittement des dépenses faites pour ledit hôpital.

» La présente convention, seulement applicable aux militaires blessés, sera publiée à l'ordre des deux armées et lue dans chaque corps deux fois par mois. L'exécution de ses articles est recommandée à la loyauté et à l'humanité de tous les braves, et chaque armée promet de faire punir exemplairement quiconque y contreviendra. »

Cette belle et noble pensée de mettre sous la sauvegarde de l'honneur et de la loyauté, les honorables victimes de la guerre, ne fut que le rêve d'un bon cœur. La convention ne fut point acceptée et l'humanité désolée n'eut depuis que trop d'occasions de gémir d'avoir perdu sa cause (1).

Bien que cette affirmation n'ait pas besoin d'être démontrée, nous citerons cependant l'anecdote suivante tirée du *Journal de campagne* de Percy. Elle démontrera surabondamment quelle était bien souvent la terrible situation des ambulances non neutralisées.

« Notre ambulance a été obligée de se retirer aussi, ce
» qu'elle n'a fait que tard ; faute de voitures pour ramener
» les blessés, il a dû en rester beaucoup au pouvoir de
» l'ennemi. Plusieurs s'étaient jetés sur les *würst*, affûts
» et caissons de l'artillerie. J'ai vu un charretier d'artil-
» lerie, à qui un boulet avait emporté la jambe gauche,
» rester assis sur le devant d'un caisson à munitions,
» tenant sa cuisse à deux mains et le moignon nu s'agitant
» avec ses lambeaux à chaque secousse de la voiture ; il
» criait aux deux charretiers : « Au galop! Vite, vite ! »
» Ne voulant pas souffrir qu'un tel spectacle fût donné à
» toute l'armée, je l'ai fait porter sur le bord du chemin,
» où il s'est aussitôt trouvé mal : ceux qui passaient, le
» croyant mort, disaient : « En voilà encore un de moins.

______

(1) C. LAURENT, *Histoire de la vie et des ouvrages de P.-F. Percy*, p. 197.

» — Non, non, répondait-il, je ne suis pas mort. » J'avais
» laissé près de lui le citoyen Bury, chirurgien de troisième
» classe, pour le faire charger sur une voiture, s'il en pas-
» sait une; mais cet officier de santé a été obligé de fuir
» comme les autres. Nombre de blessés sont morts dans le
» chemin (1). »

Rappelons également que les guerres napoléoniennes
offrent de multiples exemples de paniques parmi les blessés
couchés dans les ambulances par suite de l'approche des
ennemis.

A Eylau, l'ambulance de la garde fut presque enlevée,
et Larrey dut prendre, avec un admirable sang-froid, des
mesures énergiques pour rassurer les blessés épouvantés.

Le célèbre chirurgien Dupuytren, chirurgien en chef de
l'Hôtel-Dieu, à Paris, signalait en 1830 dans un de ses cours
le fait suivant :

En 1814, le 30 mars, se livra à Paris une bataille très
meurtrière à la suite de laquelle les armées alliées entrèrent
dans la ville.

« On prévoyait, dit Dupuytren, que malgré leur courage
» nos soldats, épuisés et succombant sous le nombre, ne
» pourraient empêcher l'ennemi d'arriver sous Paris. Ce
» jour fatal arriva et, le 30 mars, le bruit du canon annonça
» dès le matin que le sort de l'Empire allait être décidé.
» Dès lors, nous n'eûmes qu'une pensée, ce fut d'aller
» secourir les victimes de la guerre. La visite ordinaire des
» malades de l'Hôtel-Dieu fut faite dès 5 heures du matin,
» et, libres de ce devoir, bien munis de brancards,
» d'instruments et de pièces d'appareils de pansements,
» nous nous dirigeâmes dès 7 heures vers La Villette,
» village situé entre les buttes Montmartre et Chautmont
» et servant de centre et d'appui aux lignes françaises,

____

(1) *Op. cit.*, p. 20.

» nous nous établîmes dans une maison abandonnée et
» pourvue d'une vaste cour.

» Là, depuis 8 heures du matin jusqu'à 5 1/2 heures du
» soir, nous reçûmes du champ de bataille, nous pansâmes
» et opérâmes sous le feu de l'ennemi, dont les balles et
» les boulets atteignirent plus d'une fois les murs de la
» maison qui nous servait d'abri, plus de douze cents
» blessés que nous fîmes diriger ensuite sur les principaux
» établissements de Paris.

» Un assez grand nombre de blessés nous restaient
» encore à panser lorsqu'à 5 heures du soir le bruit des
» armes qui se rapprochait de plus en plus et de nou-
» velles blessures reçues à la porte de notre ambulance
» par des malheureux militaires déjà atteints par le feu de
» l'ennemi et qui attendaient leur tour pour être pansés,
» nous firent sentir la nécessité d'opérer notre retraite sur
» Paris. Mais retenus par les vives sollicitations des blessés
» qui gisaient au milieu de la cour et qui nous conjuraient
» de ne pas les abandonner sans secours, nous prolon-
» geâmes encore notre séjour dans ce lieu jusqu'à ce
» qu'enfin un boulet de canon vint enlever sur le seuil
» même de la porte de notre maison, les deux jambes à un
» capitaine de la Garde Nationale de Paris qui, après avoir
» vaillamment combattu, emportait dans sa retraite un
» blessé sur son dos. Nous dûmes donc nous retirer et ce
» ne fut pas sans peine que nous obtînmes de rentrer dans
» la ville que nous avions quittée le matin. Les barrières
» étaient fermées et nous fûmes obligés de les escalader, au
» risque d'être pris pour des ennemis.

» Une fois rentrés dans Paris, nous nous empressions de
» retourner à l'Hôtel-Dieu, sur lequel nous avions fait diriger
» nos plus graves blessés, lorsque nous rencontrâmes à
» 300 pas environ en dedans de la barrière, une ambulance
» établie par la Garde Impériale, nous nous y arrêtâmes

» pendant une heure encore pour aider et remplacer les
» chirurgiens de la Garde qui, apprenant qu'on capitulait
» avec l'ennemi pour livrer la ville, se disposaient à effec-
» tuer leur retraite avec l'armée (1). »

Empressons-nous d'ajouter cependant que pendant les grandes guerres du début du xixe siècle, il fut de règle constante de soigner dans les armées de toutes les nations, les blessés prisonniers avec autant de zèle que les nationaux.

« Les soldats étrangers, dit Gama, connaissent si bien
» l'humanité des Français pour les blessés et les prisonniers
» qui mettaient bas les armes, que je n'ai jamais vu durant
» toutes mes campagnes, un seul homme de l'armée enne-
» mie témoigner la moindre crainte de se trouver dans ces
» positions au milieu des nôtres : les blessés se rendaient
» d'eux-mêmes à nos ambulances, comme ceux qui sortaient
» de nos rangs (2). »

Rappelons à ce propos, qu'après la campagne de France de 1814, douze mille blessés étrangers se trouvaient autour de Paris.

Le préfet de la Seine, le comte de Chabrol, fit aménager les vastes abattoirs. Un appel ayant été fait à la population parisienne, celle-ci fournit avec le plus remarquable empressement tout ce qui était nécessaire à la constitution du service de secours : linges, couvertures, matelas, pansements affluèrent. En trente-six heures le service fut complètement organisé.

Les monarques, pendant les intervalles de paix, à l'envi, décoraient et comblaient de présents les chirurgiens des armées étrangères, pour les remercier de leur zèle à soi-

---

(1) *Traité théorique et pratique des blessures par armes de guerre, d'après les leçons cliniques de Dupuytren*, pp. IV, V, VI.
(2) Gama, *Esquisse historique du service de santé militaire*, p. 275.

gner leurs soldats blessés, que le sort des armes avait contraint à se faire traiter dans des ambulances autres que celles de leurs pays.

Souvent même au cours de la campagne, on faisait appel aux chirurgiens de l'armée ennemie pour venir soigner leurs compatriotes prisonniers.

C'est le cas des chirurgiens russes venant secourir leurs blessés tombés aux mains de l'armée française au cours de la bataille d'Eylau.

De même en 1809, lorsqu'au cours de la retraite d'Oporto, l'armée française dut abandonner ses blessés, le général en chef des troupes anglo-portugaises, Sir Arthur Wellesley, qui devint par la suite le célèbre duc de Wellington, fit remettre des sauf-conduits aux chirurgiens français, pour leur permettre de soigner les malades et les blessés de leur armée, incapables d'être transportés.

Les Capitulations et les Armistices contiennent presque toujours des stipulations de ce genre.

Citons entre autres la capitulation de Livourne (16 octobre 1800), la Capitulation d'Erfurth (15 octobre 1806), celle de Magdebourg (8 novembre 1806), la Capitulation de Breslau (5 janvier 1807), la Capitulation de Dantzig (24 mai 1807), celle de Flessingue (15 août 1809) et la Capitulation de Gironne (10 décembre 1809) (1).

Disons en terminant ce rapide exposé des Conventions intervenues en faveur des blessés, que la guerre maritime n'avait pas été négligée.

Dès 1780, la Convention signée entre la France et l'Angleterre stipule que le personnel sanitaire ne pourra jamais être fait prisonnier, tant sur les vaisseaux de guerre que sur les vaisseaux marchands ou sur les bâtiments armés en course.

---

(1) DE MARTENS, *op. cit.*, *passim*.

La Convention du 12 mai 1813, entre l'Angleterre et les États-Unis, reproduit les mêmes stipulations.

La longue période de paix qui suivit les formidables déchaînements guerriers de la fin du xviiie et du commencement du xixe siècle, n'apporta aucun changement aux législations concernant les victimes de la guerre.

En 1859, au cours de la guerre d'Italie et après le combat de Montebello, Napoléon III prit l'initiative de rendre aux Autrichiens, sans condition, les prisonniers blessés, dès qu'ils seraient en état de rejoindre leur pays. Il voulait diminuer dans la limite du possible les maux de la guerre et donner l'exemple de la suppression des rigueurs inutiles (1).

C'était le prélude de l'œuvre incomparable que nous allons étudier dans le dernier chapitre de cet ouvrage.

L'auguste semence des idées altruistes, généreusement semées par les hommes au grand cœur dont nous avons retracé le persistant travail, allait enfin germer dans les champs de l'Humanité.

La brillante récolte, précieusement recueillie par une génération nouvelle, enfin accessible aux sentiments de justice et de pitié, allait augmenter la législation humaine d'une œuvre admirable de solidarité.

La Convention de Genève allait naître.

____

(1) Dunant, *la Charité internationale sur les champs de bataille*, p. 101.

CHAPITRE III

La Croix-Rouge et la Convention de Genève.

Indifférence générale pour les questions militaires après les grandes guerres napoléoniennes. — Projet de Wasserfuhr. — Efforts du Dr B.-C. Faust en faveur des victimes de la guerre. — Indifférence et mauvaise volonté des pouvoirs. — La guerre de Crimée et la Grande-duchesse Hélène Paulowna de Russie. — Miss Florence Nichtingale. — Les idées de neutralisation des blessés. — Le Dr Palasciano. — Henri Arrault publie sa *Notice sur le perfectionnement du matériel des ambulances volantes.* — Henri Dunant. — Dunant pendant la campagne d'Italie de 1859. — Les ambulances de Castiglione. — Les infirmiers volontaires. — Mac-Mahon. — Dunant et Napoléon III. — Chirurgiens et blessés autrichiens rendus à la liberté. — Publication du *Souvenir de Solférino* de Henri Dunant. — Impression produite par ce livre. — Initiative prise par la Société genevoise d'utilité publique. — Les sociétés de secoureurs volontaires. — Conférence internationale de 1863. — Nomination du Comité international. — Les négociations diplomatiques et le Conseil fédéral suisse. — Congrès international de 1864. — La Convention de Genève. — Les Articles additionnels de 1868. — Considérations sur l'œuvre de la Société genevoise d'utilité publique. — Le général Dufour, Moynier, Appia, Maunoir. — Dunant et le prix Nobel de la paix.

> Les Nations doivent se faire le moins de mal possible sans nuire à leurs propres intérêts.
> MONTESQUIEU (*Esprit des lois*).

S'il est un nom que sur toute la surface du globe les peuples civilisés ne prononcent qu'avec un sentiment de vénération, c'est bien celui que nous avons placé en tête de ce chapitre.

En effet, la Croix-Rouge, ce symbole de l'Espérance aux pires extrémités de la douleur, a fait depuis quarante ans, triomphalement le tour du monde, proclamant partout la fraternité humaine là où précisément elle semble le plus complètement abolie.

Sous sa glorieuse égide les haines se sont apaisées et elle prépare incontestablement les voies par où passeront enfin les idées de pacification universelle par l'arbitrage international des nations.

Et cependant, cette si vivante affirmation de l'altruisme n'est guère née que d'hier, car ce néologisme, qui si rapidement symbolisa pour les victimes de la guerre le repos, la consolation et l'espoir, fut forgé il n'y a qu'une quarantaine d'années.

Ainsi que nous l'avons constaté précédemment, les questions militaires firent peu de progrès pendant la longue période de paix qui suivit les effroyables guerres qui avaient ensanglanté les débuts du xixᵉ siècle.

On eût dit que les peuples excédés voulussent, à tout prix, se désintéresser des questions militaires quelles qu'elles fussent.

On ne prêta aucune attention à un ouvrage que publia en mai 1820, un simple médecin de régiment prussien, le Dʳ Auguste-Ferdinand Wasserfuhr, qui devint médecin général du 2ᵉ corps d'armée, et au cours duquel il jette les bases d'un projet de réforme des règlements concernant les militaires blessés.

Rappelant les souffrances, les privations et le surcroît de maux qui résulta pour les blessés, de l'insuffisance d'organisation sanitaire dans les armées des différents États allemands pendant les guerres de l'Indépendance, il ajoute :

« Puisse ce honteux souvenir n'avoir pas été rappelé inu-
» tilement et puissent enfin toutes les nations conclure un
» accord pour déclarer neutres tous les soldats prisonniers,
» malades ou blessés et s'engager, non seulement à laisser
» à tous les hôpitaux et à leurs directeurs entière liberté
» d'action, mais encore à leur donner l'appui nécessaire.
» Tous les malades et blessés tombés entre les mains de
» l'ennemi devraient être laissés dans les hôpitaux et soi-

» gnés par leurs médecins jusqu'à entier rétablissement, et
» tous les soldats véritablement invalides devraient être,
» sans échange ultérieur, pourvus de passeports pour
» retourner librement dans leur pays. Il devrait être aussi
» permis à chaque commandant d'armée, quand les hôpitaux
» sont tombés entre les mains de l'ennemi et n'ont pas
» assez de médecins, d'y envoyer un certain nombre de ces
» derniers, selon les besoins. Une telle mesure serait néces-
» saire surtout à la suite des batailles et chaque général
» devrait, avant le combat, désigner l'ambulance qui, dans
» toutes les circonstances et quelle que fût l'issue de la
» lutte, resterait sur le champ de bataille, et cette ambu-
» lance devrait être placée dans un lieu choisi exprès, où
» l'on apporterait tous les blessés recueillis sur le théâtre
» de la lutte (1).

Il convient également de citer les efforts généreux, mais,
hélas! stériles, du D\u2009B.-C. Faust, de Buckebourg, en
faveur des victimes de la guerre.

Il se préoccupa principalement de parer aux dangers des
inhumations trop précipitées et préconisa l'inviolabilité des
lazarets (2).

Rien ne vint secouer l'indifférence ou la mauvaise volonté
des pouvoirs gouvernementaux.

L'initiative privée seule s'affirma.

Lors de la guerre de Crimée, la veuve du grand-duc

---

(1) A.-F. WASSERFUHR, *Beitrag für die Reform der königlich Preussischen
Militair-médicinal Verfassung, mit Bezug auf die Freimüthigen Worte,*
etc. *des Regiments-Arztes,* D\u2009 BALTZ, Coblentz, 1820, in-8°. — Voir aussi
à ce sujet : GURLT, *Mémoire sur la protection internationale des militaires
blessés et malades en campagne et l'assistance volontaire en cas de guerre
dans le royaume de Prusse,* COMPTE RENDU DES TRAVAUX DE LA CONFÉRENCE
INTERNATIONALE tenue à Berlin du 22 au 27 avril 1869, et C. LUEDER,
la Convention de Genève au point de vue historique, critique et dogmatique,
pp. 32 et 33.
(2) C. LUEDER, *op. cit.,* p. 32.

Michel, Madame la Grande-duchesse Hélène Paulowna de Russie, née princesse Charlotte de Wurtemberg, recruta une admirable phalange d'hospitalières.

Plus de trois cents dames de Saint-Pétersbourg et de Moscou la suivirent dans les ambulances russes.

Elles furent la providence de milliers de blessés qui, sans elles, eussent péri misérablement au cours de cette sanglante campagne.

Cette même guerre de Crimée allait fournir à une autre femme l'occasion de se signaler à l'admiration et à la gratitude de l'humanité.

Miss Florence Nichtingale, doctoresse anglaise (1), avait organisé à ses frais et dirigeait l'hospice de Harley-Street, à Londres, lorsque le Secrétaire de la guerre du gouvernement anglais la pressa vivement d'aller prodiguer ses secours à l'armée expéditionnaire. Avec le plus noble empressement, elle se mit en route avec trente-sept infirmières et rejoignit, en novembre 1854, les hôpitaux militaires anglais établis à Scutari.

De Scutari elle passa à Balaklava où elle organisa un hospice.

En 1855, cinquante autres dames anglaises, conduites par Miss Stanley, vinrent renforcer les rangs des héroïques infirmières décimés par les maladies.

Miss Florence Nichtingale elle-même fut frappée par le choléra et après une pénible convalescence, n'hésita pas à reprendre son poste dans les ambulances qu'elle n'abandonna qu'à la fin des hostilités.

Sa vie tout entière fut consacrée au soulagement des maux de la guerre. Rentrée à Londres, elle se consacra à la formation d'infirmières et fonda dans ce but une institution dont elle prit la direction.

____

(1) Née en 1823.

Cependant l'idée de neutraliser les blessés ou le personnel infirmier, ne trouva aucun protagoniste pendant la guerre de Crimée et ce n'est qu'à la suite de la guerre de Lombardie de 1859 qu'un mouvement d'opinion commença à se faire jour.

Chose curieuse, presque simultanément et cependant sans se connaître ni avoir connaissance de leurs idées ou aspirations communes, trois philanthropes lancèrent de par le monde l'idée de la neutralisation des victimes de la guerre.

De Naples, de Paris et de Genève on entendit retentir de tels accents, que bientôt les peuples et les gouvernements s'émurent.

Le 28 avril 1861, à Naples, devant l'Académie Pontania, le Dr Palasciano s'éleva avec énergie contre l'imperfection du service d'organisation des soins qu'exigeaient les traumatisés militaires.

Entre autres choses intéressantes, il disait :

« Afin de diminuer le nombre de cas de mort parmi les
» amputés, autant que pour soustraire à l'amputation beau-
» coup de membres fracassés, il serait indispensable que
» les gouvernements vinssent en aide à la science médicale,
» laquelle seule ne peut exempter de transporter les blessés
» et ne peut leur fournir le personnel et les moyens néces-
» saires pour qu'ils soient traités dans l'endroit même du
» combat.

» Il faudrait que les puissances belligérantes, dans la
» déclaration de guerre, reconnussent réciproquement LE
» PRINCIPE DE LA NEUTRALITÉ DES COMBATTANTS BLESSÉS OU GRA-
» VEMENT MALADES PENDANT TOUT LE TEMPS DU TRAITEMENT, et
» qu'elles adoptassent chacune pour soi, l'augmentation
» illimitée du personnel sanitaire, pendant toute la durée
» de la guerre (1). »

---

(1) PALASCIANO. *La Neutralita dei feriti in tempo di guerra*. Discorso

Reprenant et complétant sa pensée, le Dr Palasciano exposa quelques mois plus tard (1) un système de neutralisation qui, en dépit de ses excellentes intentions, était notoirement insuffisant et incomplet. Poursuivant sa propagande, il publia un journal périodique (2) dans lequel il combattit avec ardeur en faveur des idées de neutralisation.

Le 10 juin 1861, un fournisseur de l'armée française, M. Henri Arrault, publia à Paris une *Notice sur le perfectionnement du matériel des ambulances volantes* dans laquelle il fit les remarquables propositions suivantes :

1° Seront regardées comme inviolables les personnes des chirurgiens militaires ;

2° Ne seront plus regardés comme prises de guerre les fourgons d'ambulances, les ambulances légères et tous les objets qu'ils renferment, car ce bien est celui de tous les blessés ;

3° Sera regardé comme inviolable et sacré l'endroit d'un champ de bataille choisi par les chirurgiens pour le pansement des blessés ; on y plantera des drapeaux noirs, comme ceux qu'on place sur les hôpitaux d'une ville assiégée, et qui diront à tous que cet asile des nobles souffrances doit être respecté ;

4° Lorsque les chirurgiens d'une armée en retraite auront remis leurs blessés entre les mains des chirurgiens de l'armée victorieuse, ils seront protégés et reconduits dans les rangs de leurs nationaux, avec le respect et la considération que méritent des hommes qui consacrent et exposent leur vie pour sauver celle de leurs semblables ;

---

letto all' accademia Pontaniana di Napoli, addi 28 aprili 1861, p. 8.

(1) PALASCIANO, *op. cit.*, 29 décembre 1861, p. 15.

(2) *Archivio di memorie ed osservazioni di chirurgia pratica*, années 1866 et suiv.

5° Les soldats infirmiers seront également respectés et ils suivront leurs chefs.

Comme signes distinctifs de leur mission humanitaire, les chirurgiens porteront une écharpe blanche ou tout autre signe visible qui puisse les faire immédiatement reconnaître (1).

Le troisième protagoniste de l'idée de la neutralisation des militaires blessés fut Henri Dunant.

A proprement parler, il s'était surtout préoccupé de la constitution de groupements d'infirmiers volontaires s'adjoignant de leur propre volonté au service de santé.

Neutraliser les ambulances n'avait pas été la pensée dominante de Henri Dunant et ce n'est qu'incidemment qu'il y fait allusion.

Mais l'œuvre de ce grand philanthrope fut si considérable dans ses conséquences, il est si directement intéressé à l'histoire de la Convention de Genève, que nous ne pouvons mieux faire que de retracer à grands traits sa vie et ses travaux.

Henri Dunant naquit à Genève le 8 mai 1828 d'une famille ayant fourni pendant plusieurs siècles d'importants magistrats à la République helvétique.

Son père était membre du conseil représentatif. Quant à sa mère, Anne-Antoinette Colladon, elle était issue d'une famille française émigrée lors des troubles religieux.

Femme de noble intelligence et de grand cœur, elle inculqua à son fils des principes de générosité, de bonté et d'humanité, et elle eut la plus profonde et la plus durable influence sur son esprit et son caractère.

Philanthrope par vocation, Dunant se voua aux œuvres charitables dès sa jeunesse.

______

(1) HENRI ARRAULT, *Notice sur le perfectionnement du matériel des ambulances volantes*, pp. 29 et 30.

Avant de se consacrer aux blessés de la guerre, dirent de lui récemment deux de ses biographes (1), il se dévoua aux vaincus de la paix.

HENRI DUNANT,

Généreux et chevaleresque, enthousiaste, imprudent parfois jusqu'à la témérité, quand il s'agissait d'une misère

---

(1) CH.-F. HAJE et J.-M. SIMON. *les Origines de la Croix-Rouge*, Amsterdam, 1902. *Passim.*

à soulager, il fit sienne la cause des pauvres, des déshérités, des opprimés.

Fils d'une famille patricienne, il avait cependant des goûts simples et des idées humanitaires. La littérature, l'ethnographie, l'archéologie, l'histoire des peuples et des religions, étaient ses sujets d'étude de prédilection. Il fit de nombreux voyages instructifs.

En 1857, continuent ses biographes, Dunant publia une *Notice sur la Régence de Tunis*, qui reste encore un des ouvrages les plus importants écrits sur ce pays. Cet essai fut suivi d'une étude sur l'esclavage dans les pays musulmans et aux Etats-Unis comparée avec la servitude chez les Hébreux.

Henri Dunant s'était rendu en Italie en simple touriste lorsque la Lombardie fut ensanglantée par la terrible campagne de 1859. Le 24 juin, lors de la bataille de Solférino qui dura quinze heures et où, sur une ligne de plus de 5 lieues d'étendue, 300,000 hommes s'entre-tuèrent, Dunant fut le témoin navré des terribles maux de la guerre.

Ému de pitié à la vue des malheureuses victimes étendues sur le champ de bataille pendant des journées entières, il suppléa à l'insuffisance des ambulances officielles en organisant un service de secours avec l'aide de quelques femmes de Castiglione.

Pendant plusieurs jours ces cœurs généreux se prodiguèrent littéralement au milieu d'une confusion et d'un encombrement défiant toute description.

« *Tutti fratelli*, » disaient les femmes en désignant les Italiens, les Français, les Autrichiens, les Hongrois, les Croates, étendus sanglants dans une même communauté de souffrance.

Tous frères, en effet, ces malheureuses victimes. Frères par la douleur, frères par le deuil et la misère.

Dunant fut l'âme de cette organisation improvisée. Il

accomplit de véritables prodiges et son zèle ingénieux s'efforça d'améliorer dans la limite du possible, la situation précaire des installations hâtives et insuffisantes.

Les soldats naïvement reconnaissants l'avaient surnommé « le Monsieur en blanc », et lorsqu'il apparaissait dans son costume de coutil blanc que la chaleur lui avait fait endosser, ils lui témoignaient la plus touchante gratitude.

Le zèle humanitaire des habitants qui faisaient de leur mieux pour atténuer les maux de la guerre, inspira à Dunant l'idée de la formation de corps d'infirmiers volontaires régulièrement organisés.

Ces infirmiers, instruits, suffisamment exercés en vue de leur mission spéciale, connaissant d'une manière rationnelle la manœuvre des brancards et la manipulation des appareils de pansements, rompus à une discipline indispensable et jouissant non seulement des avantages résultant d'une reconnaissance officielle, mais encore d'une neutralité absolue entre les belligérants, répondaient à un besoin réel et constituaient un progrès inestimable.

Le plus sûr moyen d'arriver à ce résultat n'était-il pas de faire adopter par les différents États intéressés un *labarum*, un étendard sacré?

Trop souvent les médecins étaient massacrés sur le champ de bataille ou faits prisonniers ainsi que leurs blessés, au milieu même de leurs ambulances envahies et cela en dépit du drapeau spécial que chaque nation érigeait sur ses hôpitaux de campagne.

Les soldats ennemis ne respectaient pas, la plupart du temps, l'étendard de l'adversaire dont ils ignoraient la signification.

C'est ce qui donna à Henri Dunant l'idée d'unifier pour tous les belligérants, le signe de reconnaissance indiquant à tous que sous son égide il abritait de la douleur et du désespoir.

C'est dans le charnier de Castiglione que germa l'idée généreuse qui donna au monde le drapeau blanc croisé de rouge.

Commençant aussitôt son apostolat, Dunant se rend à Borghetto auprès du maréchal dè Mac-Mahon qui s'y trouvait au milieu de son armée, pour solliciter en faveur des blessés, les soins des médecins autrichiens faits prisonniers par les vainqueurs.

Sur les conseils du maréchal et à son intervention, Dunant obtient une audience de Napoléon III à Cavriana.

Il plaida si chaleureusement la cause qu'il venait défendre que dès le 1er juillet l'Empereur prit la décision suivante qu'il fit communiquer immédiatement à ses armées :

« Les médecins ou chirurgiens de l'armée autrichiènne » faits prisonniers en pansant les blessés seront rendus à » la liberté, sans conditions, et sur leur demande. Ceux » qui ont donné leurs soins aux blessés de la bataille de » Solférino, réunis dans les ambulances de Castiglione, » sont autorisés à rentrer les premiers en Autriche. »

Non content de donner un si éclatant témoignage d'approbation aux idées novatrices de Dunant, Napoléon III se déclara partisan résolu de la neutralité des ambulances et de leur personnel ainsi que des blessés, et en dépit de quelques personnes de son entourage, il s'intéressa vivement à l'œuvre si hautement humanitaire dont Henri Dunant s'était constitué le protagoniste, lui accorda de nombreuses audiences et lui adressa une longue lettre autographe.

Rentré à Genève, Dunant écrivit ce livre immortel : *Un Souvenir de Solférino*. L'impression produite fut immense. L'Europe tout entière tressaillit à ce récit émouvant dans sa simplicité. Jamais l'horreur des champs de bataille n'avait aussi violemment frappé l'esprit public et le professeur Adolphe Pictet pouvait dire avec raison : « Là, dans » quelques pages d'une réalité effrayante, étaient mises à

» nu toutes les horreurs de ces vastes égorgements. Ce
» fut comme une secousse électrique pour la philan-
» thropie. »

Il faudrait un volume entier pour relater toutes les
marques d'approbation qui, de toute part, vinrent apporter
à l'auteur la chaleur de leur enthousiasme. Des plus
humbles aux plus grands, tous, gens du peuple, littéra-
teurs, hommes publics, savants, souverains, témoignèrent
de leur profonde communauté d'idées dans les généreuses
pensées exprimées par l'auteur.

Celui-ci résuma comme suit l'impression produite par
son œuvre :

« Mon livre a attendri les femmes. Je racontais les
» tourments des blessés et les mille maux causés par la
» guerre, l'impression fut si vive, que souvent des per-
» sonnes se trouvèrent mal en entendant les descriptions
» terribles et lamentables contenues dans mon modeste
» livre.

» Sous ce rapport, j'ai gagné ma cause. J'ai frappé l'ima-
» gination et le cœur (1). »

En dépit de l'énorme retentissement que les idées exprimées par Dunant avaient eu de par le monde, les généreux
projets du grand philanthrope auraient vraisemblablement
subi le sort d'un grand nombre de conceptions charitables,
indifférence et oubli, si un groupe d'hommes résolus
n'avaient pris énergiquement en main la cause de l'humanité et ne s'étaient voués à l'accomplissement du pro-
gramme si exceptionnellement et si hautement charitable
qu'ils se tracèrent.

Trois mois après la publication du *Souvenir de Solférino*,
le 9 février 1863, la Société génevoise d'utilité publique,

---

(1) H. DUNANT, *A proposal for introducing uniformity in the condition
of the prisoners of war*, London, 1872, p. 5.

présidée par Gustave Moynier, mit en discussion les conclusions présentées par Dunant.

Qui eût pu présager à cette époque qu'une modeste association d'hommes appartenant à un petit pays, s'occupant d'intérêts locaux, ne disposant que de moyens d'action relativement restreints, parviendrait à faire triompher de par le monde l'idée généreuse dont elle s'inspirait?

C'est cependant ce qu'il advint.

Au cours de cette mémorable séance du 9 février 1863, on nomma une commission, laquelle, munie des pouvoirs les plus étendus et avec une liberté complète pour agir au nom de la Société, devait étudier et appliquer tous moyens propres à assurer la réalisation des idées de Henri Dunant.

Cette commission, célèbre par les résultats qu'elle obtint et qui fut véritablement l'initiatrice de la Convention de Genève, fut composée du général Dufour, commandant en chef de l'armée suisse, de Gustave Moynier, président de la Société génevoise d'utilité publique, des Drs Louis Appia et Théodore Maunoir, et de Henri Dunant, qui remplit les fonctions de secrétaire.

Nous n'entreprendrons pas de faire l'historique complet des négociations entreprises par le comité génevois auprès des différents gouvernements.

L'histoire de la Convention de Genève a été faite excellemment par un nombre considérable d'auteurs.

Nous ne pourrions que recommencer un récit que nos devanciers ont tracé avec une minutie qui ne laisse place à aucun nouveau commentaire.

Nous nous contenterons d'énumérer brièvement les différentes phases des négociations entreprises par les promoteurs, et cela à seule fin d'apporter un tribut d'hommage à leur ténacité et à leur philanthropique énergie.

Le comité génevois se préoccupa tout d'abord d'assurer

la création dans tous les pays de sociétés de secoureurs volontaires.

Il ne s'agissait pas de réformer le droit des gens, mais de réunir toutes les bonnes volontes et de les faire concourir au but que l'on se proposait, l'amélioration du sort des militaires blessés.

Il était évident que pour faire œuvre utile et durable, il était indispensable que l'organisation fût établie à la suite d'une entente internationale. Ce fut le but immédiat du Comité génevois.

Une invitation fut adressée le 1er septembre 1863 et, le 26 octobre, dans une des salles de l'athénée de Genève, le général Dufour prononça le discours d'ouverture de la Conférence internationale devant trente-six délégués représentant dix différents pays d'Europe.

Sous la présidence de Gustave Moynier, la Conférence poursuivit ses travaux du 26 au 29. Elle décida la création de comités de secours dans tous les pays. Ces comités organisés pendant la paix, devaient se tenir prêts à assurer en partie le service de secours des armées de leur patrie dès le commencement des hostilités.

La Conférence émit au surplus les vœux suivants :

a) Que les gouvernements accordent leur haute protection aux comités de secours qui se formeront, et facilitent autant que possible l'accomplissement de leur mandat ;

b) Que la neutralisation soit proclamée, en temps de guerre, par les nations belligérantes, pour les ambulances et les hôpitaux, et qu'elle soit également admise, de la manière la plus complète, pour le personnel sanitaire officiel, pour les infirmiers volontaires, pour les habitants du pays qui iront secourir les blessés et pour les blessés eux-mêmes ;

c) Qu'un signe distinctif identique soit admis pour les

corps sanitaires de toutes les armées, ou tout au moins pour les personnes d'une même armée attachées à ce service;

d) Qu'un drapeau identique soit aussi adopté, dans tous les pays, pour les ambulances et les hôpitaux (1).

Il était de toute évidence que les vœux émis ne pouvaient avoir de sanction que par l'accord des divers gouvernements, et que cet accord ne pouvait se réaliser qu'à la suite d'une Conférence diplomatique internationale.

La Société génevoise d'utilité publique s'effaçant devant l'assemblée de Genève, celle-ci nomma un Comité international qui se mit immédiatement à l'œuvre.

Les négociations diplomatiques furent longues et passablement épineuses.

Le Conseil fédéral suisse ayant, en tant que gouvernement, l'autorité nécessaire, se substitua au Comité international pour adresser, le 6 juin 1864, une invitation à tous les États européens et à quelques États américains pour le Congrès international qui devait se réunir à Genève le 8 août suivant.

Le Comité international conserva la direction matérielle du Congrès.

Vingt-six délégués représentèrent les seize puissances dont voici la liste :

Bade, Belgique, Danemark, Espagne, France, Hesse grand-ducale, Italie, Hollande, Portugal, Prusse, Suisse, Wurtemberg, États-Unis d'Amérique, Grande-Bretagne. Suède et Saxe.

Le Congrès tint sept séances, les, 6, 9, 10, 12, 16, 18 et 22 août 1864, à l'Hôtel de ville de Genève.

Les débats aboutirent à la rédaction et à la signature de

---

(1) C. LUEDER, *op. cit.*, p. 72.

l'acte connu dans l'histoire de l'humanité sous le nom de convention de Genève et dont voici le texte :

CONVENTION

POUR L'AMÉLIORATION DU SORT DES MILITAIRES BLESSÉS DANS LES ARMÉES EN CAMPAGNE.

« S. A. R. le grand-duc de Bade; S. M. le roi des
» Belges; S. M. le roi de Danemark; S. M. la reine
» d'Espagne; S. M. l'empereur des Français; S. A. R. le
» grand-duc de Hesse; S. M. le roi d'Italie; S. M. le roi
» des Pays-Bas; S. M. le roi de Portugal et des Algarves;
» S. M. le roi de Prusse; la Confédération suisse; S. M. le
» roi de Wurtemberg; également animés du désir d'adou-
» cir, autant qu'il dépend d'eux, les maux inséparables
» de la guerre, de supprimer les rigueurs inutiles et
» d'améliorer le sort des militaires blessés sur les champs
» de bataille, ont résolu de conclure une convention à cet
» effet, et ont nommé pour leurs plénipotentiaires,
» savoir . . . .
» lesquels, après avoir échangé leurs pouvoirs, trouvés en
» bonne et due forme, sont convenus des articles suivants :
» ARTICLE PREMIER. Les ambulances et les hôpitaux mili-
» taires seront reconnus neutres, et, comme tels, protégés
» et respectés par les belligérants, aussi longtemps qu'il s'y
» trouvera des malades ou des blessés.
» La neutralité cesserait, si ces ambulances ou ces hôpi-
» taux étaient gardés par une force militaire.
» ART. 2. Le personnel des hôpitaux et des ambulances,
» comprenant l'intendance, les services de santé, d'admi-
» nistration, de transport des blessés, ainsi que les aumô-
» niers, participera au bénéfice de la neutralité lorsqu'il

» fonctionnera, et tant qu'il restera des blessés à relever et
» à secourir.

» ART. 3. Les personnes désignées dans l'article précé-
» dent pourront, même après l'occupation par l'ennemi,
» continuer à remplir leurs fonctions dans l'hôpital ou
» l'ambulance qu'elles desservent, ou se retirer pour
» rejoindre le corps auquel elles appartiennent.

» Dans ces circonstances, lorsque ces personnes cesseront
» leurs fonctions, elles seront remises aux avant-postes
» ennemis, par les soins de l'armée occupante.

» ART. 4. Le matériel des hôpitaux militaires demeurant
» soumis aux lois de la guerre, les personnes attachées à
» ces hôpitaux ne pourront, en se retirant, emporter que
» les objets qui sont leur propriété particulière.

» Dans les mêmes circonstances, au contraire, l'ambu-
» lance conservera son matériel.

» ART. 5. Les habitants du pays qui porteront secours
» aux blessés, seront respectés et demeureront libres.

» Les généraux des puissances belligérantes auront pour
» mission de prévenir les habitants de l'appel fait à leur
» humanité, et de la neutralité qui en sera la conséquence.

» Tout blessé recueilli et soigné dans une maison y
» servira de sauvegarde. L'habitant qui aura recueilli chez
» lui des blessés sera dispensé du logement des troupes,
» ainsi que d'une partie des contributions de guerre qui
» seraient imposées.

» ART. 6. Les militaires blessés ou malades seront
» recueillis et soignés, à quelque nation qu'ils appar-
» tiennent.

» Les commandants en chef auront la faculté de remettre
» immédiatement aux avant-postes ennemis, les militaires
» ennemis blessés pendant le combat, lorsque les circons-
» tances le permettront et du consentement des deux
» partis.

» Seront renvoyés dans leur pays ceux qui, après guéri-
» son, seront reconnus incapables de servir.

» Les autres pourront être également renvoyés, à la
» condition de ne pas reprendre les armes pendant la durée
» de la guerre.

» Les évacuations, avec le personnel qui les dirige,
» seront couvertes par une neutralité absolue.

» Art. 7. Un drapeau distinctif et uniforme sera adopté
» pour les hôpitaux, les ambulances et les évacuations. Il
» devra être, en toute circonstance, accompagné du drapeau
» national.

» Un brassard sera également admis pour le personnel
» neutralisé, mais la délivrance en sera laissée à l'autorité
» militaire.

» Le drapeau et le brassard porteront croix rouge sur
» fond blanc.

» Art. 8. Les détails d'exécution de la présente conven-
» tion seront réglés par les commandants en chef des
» armées belligérantes, d'après les instructions de leurs
» gouvernements respectifs, et conformément aux principes
» généraux énoncés dans cette convention.

» Art. 9. Les hautes puissances contractantes sont con-
» venues de communiquer la présente convention aux gou-
» vernements qui n'ont pu envoyer des plénipotentiaires à
» la Conférence internationale de Genève, en les invitant
» à y accéder; le protocole est à cet effet laissé ouvert.

» Art. 10. La présente convention sera ratifiée, et les
» ratifications en seront échangées à Berne, dans l'espace
» de quatre mois, ou plus tôt si faire se peut.

» En foi de quoi les plénipotentiaires respectifs l'ont
» signée et y ont apposé le cachet de leurs armes.

» Fait à Genève le 22 août 1864. »

L'échange des ratifications eut lieu à Berne entre neuf

puissances, auxquelles vinrent successivement s'adjoindre tous les autres États européens.

Franchissant les limites de l'Europe, les principes de la Convention devinrent peu à peu la loi internationale par excellence, celle qui uni la presque unanimité des peuples civilisés dans une communauté de sentiments d'humanité envers les victimes des sanglants conflits.

Nous ne parlerons que pour mémoire, des réunions diplomatiques et congrès ultérieurs qui préludèrent à la Conférence internationale de Genève du 5 au 20 octobre 1868. Cette Conférence aboutit à la signature des *Articles additionnels*.

PROJET D'ARTICLES ADDITIONNELS

A LA CONVENTION DU 22 AOUT 1864 POUR L'AMÉLIORATION DU SORT DES MILITAIRES BLESSÉS DANS LES ARMÉES EN CAMPAGNE.

« Les gouvernements de l'Allemagne du Nord, l'Autriche,
» Bade, la Bavière, la Belgique, le Danemark, la France,
» la Grande-Bretagne, l'Italie, les Pays-Bas, Suède et
» Norwège, la Suisse, la Turquie, le Wurtemberg;
» Désirant étendre aux armées de mer les avantages de
» la convention conclue à Genève, le 22 août 1864, pour
» l'amélioration du sort des militaires blessés dans les
» armées en campagne, et préciser davantage quelques-unes
» des stipulations de ladite convention, ont nommé pour
» leurs commissaires. . . . .
» . . . .
» Lesquels, dûment autorisés à cet effet, sont convenus,
» sous réserve d'approbation de leurs gouvernements, des
» dispositions suivantes :
» ARTICLE PREMIER. Le personnel désigné dans l'article 2
» de la convention continuera, après l'occupation par l'en-

» nemi, à donner, dans la mesure des besoins, ses soins
» aux malades et aux blessés de l'ambulance ou de l'hôpital
» qu'il dessert.

» Lorsqu'il demandera à se retirer, le commandant des
» troupes occupantes fixera le moment de ce départ, qu'il
» ne pourra toutefois différer que pour une courte durée
» en cas de nécessités militaires.

» ART. 2. Des dispositions devront être prises par les
» puissances belligérantes pour assurer au personnel neu-
» tralisé, tombé entre les mains de l'armée ennemie, la
» jouissance intégrale de son traitement.

» ART. 3. Dans les conditions prévues par les articles 1er
» et 4 de la convention, la dénomination d'*ambulance*
» s'applique aux hôpitaux de campagne et autres établis-
» sements temporaires qui suivent les troupes sur les
» champs de bataille pour y recevoir des malades et des
» blessés.

» ART. 4. Conformément à l'esprit de l'article 5 de la
» convention et aux réserves mentionnées au protocole
» de 1864, il est expliqué que, pour la répartition des
» charges relatives au logement de troupes et aux contri-
» butions de guerre, il ne sera tenu compte que dans la
» mesure de l'équité du zèle charitable déployé par les
» habitants.

» ART. 5. Par extension de l'article 6 de la convention,
» il est stipulé que, sous la réserve des officiers dont la
» possession importerait au sort des armes, et dans les
» limites fixées par le deuxième paragraphe de cet article,
» les blessés tombés entre les mains de l'ennemi, lors
» même qu'ils ne seraient pas reconnus incapables de
» servir, devront être renvoyés dans leur pays après leur
» guérison, ou plus tôt si faire se peut, à la condition
» toutefois de ne pas reprendre les armes pendant la durée
» de la guerre.

ARTICLES CONCERNANT LA MARINE.

» Art. 6. Les embarcations qui, à leurs risques et
» périls, pendant et après le combat, recueillent ou qui,
» ayant recueilli des naufragés ou des blessés, les portent à
» bord d'un navire soit neutre, soit hospitalier, jouiront,
» jusqu'à l'accomplissement de leur mission, de la part de
» neutralité que les circonstances du combat et la situation
» des navires en conflit permettront de leur appliquer.

» L'appréciation de ces circonstances est confiée à l'hu-
» manité de tous les combattants.

» Les naufragés et les blessés ainsi recueillis et sauvés
» ne pourront servir pendant la durée de la guerre.

» Art. 7. Le personnel religieux, médical et hospitalier
» de tout bâtiment capturé est déclaré neutre. Il emporte,
» en quittant le navire, les objets et les instruments de
» chirurgie qui sont sa propriété particulière.

» Art. 8. Le personnel désigné dans l'article précédent
» doit continuer à remplir ses fonctions sur le bâtiment
» capturé, concourir aux évacuations de blessés faites par
» le vainqueur, puis il doit être libre de rejoindre son
» pays, conformément au second paragraphe du premier
» article additionnel ci-dessus.

» Les stipulations du deuxième article additionnel
» ci-dessus sont applicables au traitement de ce personnel.

» Art. 9. Les bâtiments hôpitaux militaires restent
» soumis aux lois de la guerre, en ce qui concerne leur
» matériel ; ils deviennent la propriété du capteur, mais
» celui-ci ne pourra les détourner de leur affectation
» spéciale pendant la durée de la guerre.

» Art. 10. Tout bâtiment de commerce, à quelque
» nation qu'il appartienne, chargé exclusivement de blessés
» et de malades dont il opère l'évacuation, est couvert par

» la neutralité; mais le fait seul de la visite, notifié sur le
» journal du bord, par un croiseur ennemi, rend les
» blessés et les malades incapables de servir pendant la
» durée de la guerre. Le croiseur aura même le droit de
» mettre à bord un commissaire pour accompagner le
» convoi et vérifier ainsi la bonne foi de l'opération.

» Si le bâtiment de commerce contenait en outre un
» chargement, la neutralité le couvrirait encore, pourvu
» que ce chargement ne fût pas de nature à être confisqué
» par le belligérant.

» Les belligérants conservent le droit d'interdire aux
» bâtiments neutralisés toute communication et toute direc-
» tion qu'ils jugeraient nuisibles au secret de leurs opé-
» rations.

» Dans les cas urgents, des conventions particulières
» pourront être faites entre les commandants en chef pour
» neutraliser momentanément d'une manière spéciale les
» navires destinés à l'évacuation des blessés et des malades.

» Art. 11. Les marins et les militaires embarqués,
» blessés ou malades, à quelque nation qu'ils appartien-
» nent, seront protégés et soignés par les capteurs.

» Leur rapatriement est soumis aux prescriptions de
» l'article 6 de la convention et de l'article 5 additionnel.

» Art. 12. Le drapeau distinctif à joindre au pavillon
» national pour indiquer un navire ou une embarcation
» quelconque qui réclame le bénéfice de la neutralité, en
» vertu des principes de cette convention, est le pavillon
» blanc à croix rouge.

» Les belligérants exercent à cet égard toute vérification
» qu'ils jugent nécessaire.

» Les bâtiments hôpitaux militaires seront distingués par
» une peinture extérieure blanche avec batterie verte.

» Art. 13. Les navires hospitaliers, équipés aux frais
» des sociétés de secours reconnues par les gouvernements

» signataires de cette convention, pourvus de commission
» émanée du souverain qui aura donné l'autorisation
» expresse de leur armement, et d'un document de l'auto-
» rité maritime compétente, stipulant qu'ils ont été soumis
» à son contrôle pendant leur armement et à leur départ
» final, et qu'ils étaient alors uniquement appropriés au
» but de leur mission, seront considérés comme neutres,
» ainsi que tout leur personnel.

» Ils seront respectés et protégés par les belligérants.

» Ils se feront reconnaître en hissant, avec leur pavillon
» national, le pavillon blanc à croix rouge. La marque
» distinctive de leur personnel dans l'exercice de ses fonc-
» tions sera un brassard aux mêmes couleurs; leur peinture
» extérieure sera blanche avec batterie rouge.

» Ces navires porteront secours et assistance aux blessés
» et aux naufragés des belligérants, sans distinction de
» nationalité.

» Ils ne devront gêner en aucune manière les mouve-
» ments des combattants.

» Pendant et après le combat, ils agiront à leurs risques
» et périls.

» Les belligérants auront sur eux le droit de contrôle et
» de visite; ils pourront refuser leur concours, leur
» enjoindre de s'éloigner et les détenir si la gravité des
» circonstances l'exigeait.

» Les blessés et les naufragés recueillis par ces navires
» ne pourront être réclamés par aucun des combattants, et
» il leur sera imposé de ne pas servir pendant la durée de
» la guerre.

» Art. 14. Dans les guerres maritimes, toute forte pré-
» somption que l'un des belligérants profite du bénéfice de
» la neutralité dans un autre intérêt que celui des blessés et
» des malades, permet à l'autre belligérant, jusqu'à preuve
» du contraire, de suspendre la convention à son égard.

» Si cette présomption devient une certitude, la conven-
» tion peut même lui être dénoncée pour toute la durée de
» la guerre.

» Art. 15. Le présent acte sera dressé en un seul
» exemplaire original qui sera déposé aux archives de la
» Confédération suisse.

» Une copie authentique de cet acte sera délivrée, avec
» l'invitation d'y adhérer, à chacune des puissances signa-
» taires de la convention du 22 août 1864, ainsi qu'à celles
» qui y ont successivement accédé.

» En foi de quoi les commissaires soussignés ont dressé
» le présent projet d'articles additionnels et y ont apposé
» le cachet de leurs armes.

» Fait à Genève, le 20 octobre 1868. »

L'œuvre du modeste comité génevois avait été couronnée du plus brillant et du plus légitime succès.

Tous les pionniers de la première heure, le général Dufour, à qui on doit particulièrement l'idée du brassard de neutralisation ; Moynier et Appia qui, par la plume et la parole menèrent le bon combat ; Maunoir, mort en avril 1869, et principalement Henri Dunant, l'initiateur, n'avaient négligé aucuns efforts, aucuns sacrifices pour le triomphe final de leur rêve humanitaire.

Dunant fut l'âme de la campagne. Véritable apôtre, il parcourut l'Europe, sollicitant des audiences, s'évertuant à briser les obstacles, à combattre les résistances, à prêcher en un mot la bonne parole de la fraternité humaine devant la souffrance et la douleur.

La plupart des souverains de l'Europe le reçurent et puisèrent dans la chaleur de son apostolat, l'énergie néces-saire pour surmonter certaines préventions de leur entourage et de leurs conseillers.

Dunant, cette grande figure de l'histoire de l'humanité,

se retira modestement quand il vit son œuvre accomplie,
cette œuvre merveilleuse aux incalculables conséquences
dont Moynier, son collaborateur, a pu dire avec raison,
parlant du triomphe des idées sanctionnées par la Convention de Genève, « que les conséquences de cette victoire
» sont infinies et que la brèche qu'elle a faite à l'égoïsme
» des nations est irréparable ».

Pouvait-il mieux faire, le comité de Stockholm dispen-
sateur des largesses de Nobel, que d'honorer le prix de la
paix en le décernant, au début de 1902, à Henri Dunant?

Ce modeste vivait retiré, inconnu ou oublié de la génération actuelle.

— Dunant? Un prix Nobel à Henri Dunant? Qui cela
Dunant? me demandait hier quelqu'un ; — écrivait Jules
Claretie, au cours d'une chronique consacrée au prix Nobel
de la paix (1). C'était une femme. Quand on lui dit que ce
Dunant était l'apôtre de la Croix-Rouge, elle répondit :

— Alors, c'est un saint!

Et Jules Claretie poursuivait :

C'est un homme tout simplement. Et un bienfaiteur des
hommes.

Ne cherchez pas du reste son nom dans les dictionnaires
de biographie et la liste des contemporains illustres.

Celui-là n'a tué personne, n'a insulté, haï, injurié personne. Il est tout simplement un exemplaire admirable de
l'humanité supérieure. Il a sans bruit, doucement, sincère-
ment, bouleversé le monde, adouci la guerre, fait œuvre
immense de pitié.

Il a été l'ouvrier d'une grande œuvre de douceur et de
douceur dans ce qu'il y a de plus horrible sous le ciel, le
massacre, l'égorgement, la tuerie.

Grâce au prix Nobel, on saura peut-être désormais qu'il

____

(1) Jules Claretie, *Un Lauréat*, Le Journal (de Paris), 11 décembre 1901.

y a de par le monde, un septuagénaire qui a accompli, au siècle passé et pour les siècles à venir, l'œuvre la plus touchante et la plus consolante et doté l'immense troupeau humain d'un drapeau qui rallie toutes les bonnes volontés et défie toutes les haines : — ce drapeau qui flotte à l'avant des voitures d'ambulance : ce drapeau que les assiégés arborent sur les dômes de leurs monuments pour dire : Ici l'on souffre, ici l'on meurt, ici les douleurs sacrées sont à l'abri des bombes : — ce drapeau de consolation vers qui se traînent les blessés du champ de bataille lorsque leur sang coule pour l'autre drapeau, celui du devoir; — ce drapeau de la pitié, blanc comme la candeur rayonnante et rouge comme le sang versé.

*
* *

Nous avons vu, au cours de cette longue étude, comment à toutes les époques les différents peuples avaient compris ou négligé leurs devoirs envers les malheureuses victimes de la guerre.

C'est le long calvaire de l'humanité que nous avons parcouru et si, malgré tout, il nous reste une impression de consolation et d'espoir, c'est à la Convention de Genève que nous le devons.

Car si la guerre reste ce fléau inéluctable qui fait s'entre-choquer des peuples que la fatalité et les instincts ataviques arment les uns contre les autres, tous les cœurs altruistes communient sous cet impérissable signe de rédemption... la Croix-Rouge.

TABLE ALPHABÉTIQUE DES NOMS PROPRES

D

E

M

N

TABLE DES GRAVURES

TABLE DES MATIÈRES

QUATRIÈME PARTIE

LA PÉRIODE CONTEMPORAINE

FIN DE LA TABLE DES MATIÈRES.